Dear, Are You Happy Today ?

Dear, Are You Happy Today?

親愛的，你今天快樂嗎？

拋開焦慮、疲倦、憂鬱，當自己的心理醫師

目錄

CONTENTS

Chapter 2
文明改變了社會？還是心？

Chapter 3
活出自己的意義

目錄
CONTENTS

Chapter 4
當自己的心靈捕手

Chapter 5
編寫新的生活節奏

Chapter 6

減壓的優雅地圖

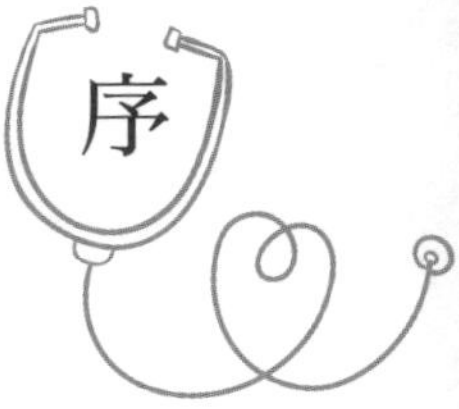

序

自己就是心理醫生

書寫這本書的同時，媽媽剛剛離世不久，我的心情仍灰灰暗暗，在幽冥之中恍惚，偶爾閃過一個念頭，一個畫面，淚便止歇不住，有一段時間，我很難從捷運站出來，不小心看見萬芳醫院四個大字，能不鼻酸掛淚的。

回想火化的那一天，高溫的火舌以一千兩百度之姿吞吐，焰紅如霞，青光修造，如佛接引，媽媽被緩緩推送入爐，白煙從火化爐飛升飄散，與山巒渺渺的嵐霧結為一體，二小時後，法身消融成白骨，媽媽的新家叫做「骨灰甕子」，被撿骨師一片片放入她的一生。

陽世間紛紛擾擾的事真的結束了，餘味殘存的剩下思念。

回憶的簾幕在媽媽成了一張牆上的相片時緩緩拉開，在眼前一幕幕滑掠鋪排，我時而笑時而哭，漫溯在記憶裡。

我與她人生交錯的五六十年，的確很難說忘就忘，想了會酸，忘了最好，但時光的線，卻往往平行的把我拉回從前，某一個時段的鮮明，靜下來便盤據襲來，或者電影不時倒帶播放，紛雜往事慢慢沈澱成現在的甘醇，我如導演分鏡回想。

思念為何要在離開後開始？我是不解的。

如果有愛，可否及時？這是我想的。

我決定提起筆，用心理學教我的「書寫療法」，把經由反芻，消化，再造的想法，寫成哲理，用來安頓我最新失焦的心情。

如果思念只是思念，那不過是我與媽媽的事，但思念如果可以化成美好的哲學，那就是大家的事，不再只是我個人的告解，而是可以用來救贖別人的一帖良藥。

我很慶幸心理學教我的心情療癒管用，我清楚知道三個月會是我的大慟，無有分說的想念再想念，半年後會轉成思念，媽媽會漸次淡出意識埋到潛意識裡，經由某些地景地物才會召喚出來，三年吧，最快也要三年，方可塵歸塵，土歸土。

人生本來就是一列通往墳墓的列車，我們無有選擇的搭乘其中的一班，終究都會下車，如何演出這一生反而變得很重要，可以直直前行，起點是終點，也可以轉彎坐看雲起時，讓每一個當下都有回味，充滿風情，一輩子是我們的，但不可能有一個人陪我們一輩子，人生的起承轉合必定由自己去理解與實踐。

終究會走，為何要為一個叫做「錢」，一份叫做「工作」的事活得賣力辛苦，一生被它們奴用，那是何等不值的事，人生一場我們看不見結果，但卻為它拚搏，美好就在身旁我們卻完全遺忘。

媽媽是窮，但因沒有富過，所以他的窮並不苦，這是他的自我安慰？還是一種療癒？或者根本就是一種性格？他的治療方式往往不是禪宗神秀的「時時拂拭不使惹塵埃」，而是六祖惠能的「本來無一物」。

錢在他人手上是煩惱，在媽媽手上是魔法，變成兌換券，可以用來提領我家的雜貨裡的油米鹽，助人常樂可能是真的，至少在他的身上是如此，他用助人的快樂打發了生活裡的愁苦。

多做十斤二十斤的菜頭粿都是有用途的，他覺得自己是有錢人，即便事實上不是，他還是覺得自己是村長的太太，有能力的助人者，我當送貨小童，替他把愛心的粿，熱騰騰的送到三嬸四叔五伯的手上，這些都非真的親人，而是村子裡的貧戶。

他不喜歡煩惱超過一整天，可能他是這樣相信的吧：

「煩惱無用，無用煩惱。」

事實上媽媽從未這樣說，但常這樣做。

他的叨叨絮絮，當年看是惱人的雜念，而今看來可能也是他的心理治療，至少不希望把壓力藏了起來，成了引爆起來威力驚人的炸藥，一旦點燃了引信便四處飛散。

他的時間是以日出與日落區分，亮便醒，暗就睡，如果記憶無誤，他應該是七點多，燭光一滅就睡了，天光未亮便醒來灶前做飯，那是他的生活，也是他的養生，更是一種身心安頓。

這本《親愛的，你今天快樂嗎？》正巧要出版，借由媽媽的離世，想起他的一生行誼，竟意外發現能夠活95歲高齡並非只有基因，應該還有魔法，他以往做的每一件事都很像一個套路的自我療癒，此時此刻我的心情仍在谷底等待滑升，想念他的同時也一併提取他的身心安頓處方，一來安頓他人，二來安頓自己，並借以為序了。

游乾桂　寫於閒閒居之忘機小樓

Chapter 1

惱人的時間病

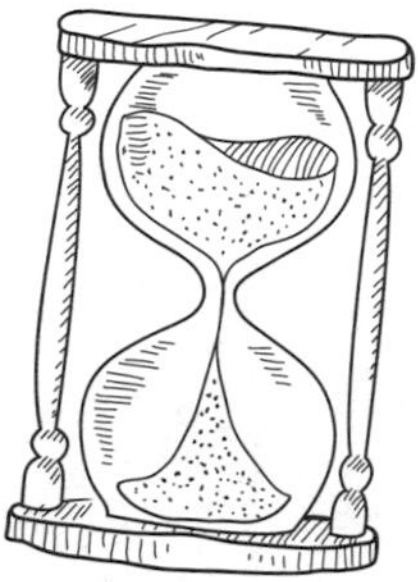

時間跑去哪？

盤坐在形如老鷹之嘴的巨岩前的一塊平坦的石台上，縱目向下俯瞰，海天一色，巨喙之石向前筆直延伸，眼眸越過谷地之後，是美麗的濱海公路，大溪漁港就在一旁，右邊是青翠的山巒，闔上眼，任由微風輕拂，在髮與耳際之間游走流盪，我突兀的想及「時間」，並且意外的聯結出我與它之間的關連。

如果時間是兌換券，我用它換過什麼？

應該是錢，但人生真的只有錢就好？

如果有了錢之後卻沒有了時間，那麼還有時間用錢嗎？如果沒有，那些白花花的銀子還是銀子嗎？一連串的自我盤問，我的答案都很心虛。

思考這件事的同時，我的臉書意外收到一封信，問及某某人我認得嗎？奇怪，怎會這樣問，莫非有蹊蹺，果然，他告訴我這位一年出國N回，四處採購商品販售，一生操勞的老友往生多年了，啊，莫非我忙著嗎？怎麼這麼久沒有與他聯絡，「忙」讓人一路錯過，最後演成永別。

這件事給我的撞擊極大，他一直比我有錢，但現在永遠沒空。時間一事我開始有了另類的思考，它原本的性格應該是「詩人」、「藝術家」、「作家」和「音樂家」，我們卻把它誤用成了「工匠」，本該風花雪月的生活卻變成風起雲湧的戰事。

美國物理學家勞瑞．多西在一九八二年提出「時間病」，描述二十一世紀「時光飛逝」、「時間不夠」、「迎頭趕上」等急迫的場景。

三十年後彷彿預言一般，時間確實成了全世界的困擾，人人都淪為「速度族」。為什麼總是步履匆匆？什麼是治療時間病的良方？放慢節奏是否仍有可能？

二十一世紀初始，每一件事以及每一個人都面臨時間壓迫後的巨大壓力，而今速度更比起上一個世紀又調快了一碼，跳過一個台階，進到了分秒必爭、忙碌而喧鬧的時代。

英國心理學家蓋伊．克萊斯通認為，速度彷彿被植入的「木馬程式」，病毒似的成為人類的第二天性。

「我們已經逐漸形成了迅速、省時及效率最大化的內在心理狀態，這種心理與日俱增。」

但速度真是萬靈丹嗎？

人類的進化基於適者生存的法則，而不是基於速度快捷。龜兔賽跑的最後贏家並非兔子。生活在緊張匆忙中，每一個小時都排得滿滿當當的日子，我們真的會是贏者？或者加速只是讓自己更加速瀕臨崩潰？

門前老樹長新芽
院裡枯木又開花
半生存了好多話
藏進了滿頭白髮

記憶中的小腳丫
肉嘟嘟的小嘴巴
一生把愛交給他
只為那一聲爸媽

時間都去哪兒了
還沒好好感受年輕就老了
生兒養女一輩子
滿腦子都是孩子哭了笑了

時間都去哪兒了
還沒好好看看你眼睛就花了
柴米油鹽半輩子
轉眼就只剩下滿臉的皺紋了

記憶中的小腳丫
肉嘟嘟的小嘴巴
一生把愛交給他
只為那一聲爸媽

時間都去哪兒了
還沒好好感受年輕就老了
生兒養女一輩子
滿腦子都是孩子哭了笑了

時間都去哪兒了
還沒好好看看你眼睛就花了
柴米油鹽半輩子
轉眼就只剩下滿臉的皺紋了

這是陳曦作詞，董冬冬作曲的《時間都去哪兒了》的詞兒，很寫實的說出現代人的心聲。

看來現代人最缺的不是錢，而是時間，卻又很迷茫的不知它去了哪裡？

這形容確實傳神，但為何沒有時間？

一天二十四小時，不多不少，人人一樣，但時間彷彿不夠用一般，總是被用到一秒不剩，星月中疲憊回家，晨光奮起再戰！

永遠睡不飽，半夢半醒之間，忙亂一天，氣力放盡，再提著沈沈腳步回家，這就是我們要的人生嗎？哪裡出錯？

莎士比亞說：「**拋棄時間的人，時間也將拋棄他。**」

現代人似乎都正在做這件事：拋棄時間，時間正準備拋棄我們；原本的人生設計是很明確的，我們經由努力讀書，好好工作，拚命賺錢，想過美好生活，但多數人在努力賺錢這一關便被卡住，彷若陀螺一樣，恍惚打轉。

即使我們知道：「**抓住現實的每一分鐘，勝過想像中的一年**」，但真正如英國俗諺中所言，能在時間這口大鐘上，知道人生沒有明天的人並不多。

金錢的確在人為的設計下有如佈陣一般設下重重的迷霧森林？

退休需要多少錢？

報紙媒體上危言聳聽的告訴我們，三千萬，五千萬，是嗎？一個忙到退休連路都走不動的人，需要這麼多錢幹嘛，難道忙亂一生只想準備一大桶「養老院基金」，或者該在從今往後好好想想，如何為美好生活存款？

白天工作天經地義，夜裡休息也合情合理，自己的事，別人不會搶走，能給明天的，不必今天非做不可，累了要休，該休就休，請別老不休。

布封說：「不浪費就會有時間了」，應該是吧，時間真的沒有跑遠，請把它用力搶回來。

永無止境的忙碌

暫停是魔法！

但是看來一時半刻是止歇不住的，它漸漸成了二十一世紀的最大災難，人人都忙，彷彿工作狂上身。

怎麼可能不忙？

多半只是藉口，不是他們喜歡忙，而是不能不忙，抑或一旦閒了下來，就不會支配時間了。

醫師老友一度堅定告訴我喜歡工作，說自己慈悲為懷，樂在其中，有一回，我們看海，原本老是拒絕的他，這一回欣然同意，我帶他沿著臨海步道閒行，挑了一些生鮮魚貨，找了一家餐廳代為料理，玩得很盡興，他有感而發，原來人生也可以這樣活著。

這話讓我明白，他並非真心熱愛工作，而是沒有找著比工作更美好的生活型態，不懂得如何優雅過生活了吧。

這讓我想起「左岸咖啡」的由來！

法國塞納河兩岸住著兩種不同階級的人，左岸是藍領，工作結束之後便悠閒的啜飲一杯咖啡，再緩步回家，河的右岸是白領，他們天天忙得不可開交，工作之外還是工作，他們不懂，賺錢不及自己的左岸藍領階級，何以可以在忙過一段時間之後，泡上一杯黑色咖啡，站在河邊欣賞風景，狀似優雅，這讓右岸的人很有感觸，於是下班後走過橋到左岸，喝杯「左岸咖啡」，讓自己復活一下失去的體能，學過左岸生活。

故事不知是否為真？但我喜歡，希望每一個人都懂得空閒之餘喝上一口悠閒的咖啡。

「事半功倍與事倍功半」涇渭分明，事半功倍者，只需花一半力就有很好的成果，另外的一半時間可以省了下來，充實自我，或者看山看水。

事倍功半的人則正好相反，忙得像豬，累得如狗，卻沒有什麼成效，即使因而得了個成就，也未必有空享用。

瞎忙是罩門，忙得一點也沒有效益，等於找罪受，我們遺漏了：**忙的真實價值是為了偷閒**；工作得錢合理，但錢的功能絕不止是錢，它是換取美好的媒介，少了它，人生也不可能美好，但只有它，依舊於事無補的，忙必須與閒結合方可創造出意義，「忙世人之所閒，閒世人之所忙」，大約就是此意吧。

我忙，但懂得找閒。

- 午後一杯茶
- 度個小假
- 夜裡看星
- 偷閒爬山
- 夏日溯溪

如果忙是一種病，停下來應該就是「復活劑」吧。

不服輸的超人

在一個被時間超額壓縮的年代，如果不懂得思考其中的細微關鍵，人很容易自掘墳墓，成了忙、盲、茫的可憐蟲。

你是超人嗎？
什麼都會，但就是不會停，如是的超人等同「操死自己的人」。
現代人飽嘗匆忙之苦，想停下來卻煞不住。
理由呢？
想「贏」。
名利雙收
家財萬貫

豪宅名廈

錦衣玉食

⋯⋯

身有心窮的人真的富有嗎？

贏在起跑點的人，真的是贏家？

好像又未必，**人生靠的不是起點，而是終點**。

即使真的贏了，也未必身心健康，很多人反而成了心靈失落者；因而失去時間，失去快樂，失去幸福，最後失去那一顆曼妙的心。

心理學家早早觀察到這種現象，發現新世紀的人們，處於龐大身心壓力之下，人人都快悶出精神疾病來了。

資訊爆炸，無論如何都忙，短期內不可能結束，那多麼不快意；除非我們把電腦插頭拔起來，關上惱人的臉書，刪掉賴來賴去的無聊資訊，當個無「line」之徒，否則一天度過一天，必定陷入絕境。

沒魂有體，是人嗎？或者只是一部管用的機器？

一小時是一小時，一日是一日，一月是一月，一年則是一歲了，人生本來就是由時間拼圖而成的，但雜事纏身的我們往往忙到沒時間，那是兌換的謬誤，我們用時間換來財富，財富可以買進慾望，包括房子、車子等等，失去健康時間之後，再想用財富換回健康、快樂，甚或時間，只是時間並不等人，看似贏家的大富翁，實是輸家，當我們忙到沒有時間花錢時，錢又是什麼？壁紙嗎？

匆匆忙忙賣力演出的人生，午夜夢迴，無疑只是一齣小丑的荒謬劇，即使演得精彩絕倫也不過是一部戲，我們並沒有做過自己，頂多是個很辛酸的演員吧，過場之間用盡美好時光。

忙碌之後最美的休息驛站理應是「家」，但誰明確知道它的樣貌？

上班魄出去，下班魂歸來！

如是一來，只有錢的流動，時間的逝去，人的變老，添了冷漠，少了情感，家迅速成了「躺魂」的地方！

說好的浪漫呢？

夜空下，
一杯茶，
星光中，
風雅閒談，
原來只是一個假冒的夢。
如果無法做到「工作時工作，休息時休息」的如禪生活，誰想過：先前孜孜不倦的努力得到的成就又算什麼？

贏在起跑點，不如贏在終點。

30歲的外表，55歲的眼神，77歲的姿態

時間壓縮之下的身體往往容易出狀況：二十歲的外表，三十歲的努力，四十歲的夢想，但卻像八十歲的身體，想來便很滑稽。

人真的都是心甘情願的超時工作淪為失去靈魂，失去人生的傢伙嗎？

根據最新統計，台灣工時全球排名第四，年平均工時高達二千一百四十小時，僅次於新加坡、墨西哥與南韓，真正樂於工作的上班族只有9％。

不只台灣如此，美國也一樣慘，等領救濟食物的人大排長龍，超過1億4千600萬美國人不是貧窮就是低收入，57％美國小孩出自貧窮或是低收入戶家庭，32％工作家庭屬於所謂的「窮忙族」。

勤奮工作卻還是無法擺脫貧窮，才是人們超時工作、沒有時間過自己生活的主因；高房價、高物價的夾擊下，薪水停滯等於財富縮水，報載八個最有錢的人的財

富等同於最貧窮的三十一億人的財富，貧富差距還有日益擴大的傾向。

錢不是萬能，固然沒錯，但沒有錢也萬萬不能，它是忙的推手，當「想要」大過「需要」的同時，經濟便起了幽微變化，商人得以投資之名從中使出了詐術，讓房舍成了壓力，煩惱的來源。

反觀父親那個年代，一棟宜居的三合院房子，不用五年光景便蓋成了，除了原物料之外，工人是鄰居，以換工的方式，一磚一瓦砌成，我們再用割稻、翻田、摘果、撿花生替工還清，這種形式的生活非常優雅，省下不少開銷。

美好的事物一旦逝去，傷愁便會緊跟而來，房價的償還期從原來的五年，加長成了遙遙無期的二、三十年，但是一個八十歲的高壽者能有幾個二、三十年，況且人生最精華的大約也只有一個，然後就老化了，用盡它換一棟房不就等同虛耗了一輩子，這件事的確令人沮喪。

不競爭難以存活？

我們這樣猜想，於是誰都想站在浪頭上淘寶，人便不由分說的喘不過氣來，為了贏什麼都有得比，連同孩子也受害，大人怕輸，孩子也不能輸，於是訓練課程排得滿滿的，天天上才藝。

以下是一則玩笑：

兩個八歲孩子，一面走，一面聊。

可以出來玩嗎？

另一個孩子老氣橫秋，煞有介事的說，得回去先查一查行事曆。

好笑嗎？

我覺得可憐。

原本屬於天真年代的孩子，背上的卻是沈重的烏龜殼，成年之後大約也只懂得公式化生活吧，淹沒在橫流之中。

孩子是未來的大人，但會不會是個魂不守舍的機器人？

報紙登載，電腦工程師夜裡埋頭寫程式，竟然寫寫就死；值大夜的人回到家倒頭就死；大考前夕熬夜苦讀的孩子，一覺卻醒不來；正值青春年華的青年，打球打到一半倒地就死；參加越野單車比賽，未到終點就死；爬樓登高，未達終點死了，這些本該在中老年人身上發生的事，竟有年輕化的傾向，猜想是「透支」惹的禍吧，但三十多歲便精疲力盡，真難想像？

我最怕過農曆年節陪太太回娘家，暫棲的房間緊臨馬路，夜裡常有緊急煞車，嗚喇叭，還有一些喝酒的醉漢嘶吼鬼叫，弄得人不好睡，一小時醒來一回，或者徹夜難睡了。

夜本該是好眠，它是一日忙碌之後，最重要的休息，但文明讓日夜變了，原本的蟲唧消失，代之而起的是穿腦魔音，霓虹燈閃爍不停，影響生活作息習慣，實在難受。

這些麻煩一再纏身，靈魂便將因而失竊。

於是現代人，各個都像活著的死人，會走殭屍，年輕的老頭兒，明明三十歲，走近瞧，頭髮四十，眼神五十，走路七十七，骨頭八十八，後面還貼了一張紙，寫著：「活得好慘」，貼切且唯妙唯肖的描述可悲的你我。

可怕的過勞死

結束林書煒的節目專訪，我走出電台，信步閒行，本來再往前走便是捷運站，搭上車就可以到家了，那一天我選擇轉身，切入小路，沿著弄巷緩步的走，眼前出現了圍籬，我鑽了進去，看見整地後準備興建大樓的工地還有一大面的紅磚牆，長滿了雀榕，樣貌極美，我用手機一一拍下，心知肚明這樣的房子拆一棟少一棟，台北愈來愈難看見磚造的老房子，我一路拍攝到下一個捷運站，省下五塊錢，但添了一堆浪漫。

其實我與一般人相同，也忙，但懂得忙中找樂子，不想過勞死。

「過勞死」早早成了時間帶給現代人的最大夢魘！！

日本是這個詞彙的代言者，每週九十小時的工作，休息時間極少，下班後又去居酒屋消閒，真是現代人的負面教材，根據日本官方統計，一年之中過勞死的人數不會少於一二百人，有評論家則認為可能高達數千人。

美國國家安全委員會估算，每天有上百萬的美國人由於工作壓力過大導致上班缺勤，由此造成的經濟損失每年達一千五百億美元。英國早在二〇〇三年，壓力就已經取代腰酸背疼一躍成為員工健康的殺手。

工作節奏最快的國家，人的體重也最重，三分之一的美國人、五分之一的英國人患有臨床肥胖症，日本也有三分之一，快步調的工作還有一項隱憂，就是自殺率偏高，以前是日本，今天是韓國領先全世界。

咖啡早非消除疲勞的最佳依賴，很多人轉向興奮劑或者毒品，因而上癮者比比皆是，後遺症是出現沮喪、激怒及暴力等行為。

快速度同時造成睡眠障礙，時間減少了九十分鐘，工作量太大，時間又很有限，連同午後小休也被剝奪，睡不好沒休息，簡直兩害。

睡眠不足會損害心血管及免疫系統，導致糖尿病和心臟病，誘發消化不良、煩躁及抑鬱症。每天睡眠少於六個小時就會損傷運動神經的協調力、話語能力、反應力及判斷力。

蓋洛普調查結果顯示，有百分之十一的英國駕駛者承認開車開到睡著的現象，美國的疲勞駕駛造成數以萬計的交通事故，全球每年因而死亡的人數達130萬，比二十世紀末高出一倍多。

工作速度按此比率推估，當初因為快速所帶來的好處就會消失殆盡，最後變得更快，同歸於盡似的陷入人生僵局。

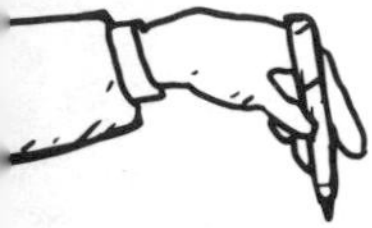

工作節奏快＋休息時間不足＋時常疲倦＝身體亮紅燈。

慾望的閃靈「刷」手

錢帶來的最貴重之禮是「用」，但沒有時間怎麼使用？這個矛盾一直存在，彷彿上帝一般，祂是萬能的，可以造出一個自己抬不動的石頭，自相衝突的事實，上帝無解，凡人更無解。

錢與時間的糾葛不止一個世紀，世世代代皆有，我們一直在多與少之間流轉，以為多才是多，不知多可能是少，比方說：賺十萬很多，但花了十二萬之後則會餘很少，而且是負的；五不多，但只用去三則還有二，它是正的。

漢朝時期有一位員外，富可敵國，喜歡收藏古玩，別人有的他非有不可，他聽說一種先秦的錢幣非常稀有，便想弄到手，不惜以屋易物，直到千金散盡淪為乞討者，仍不死心的吆嚷著：「誰家還有一枚先秦的古錢幣呀，請好心給我一枚！」如此上癮中毒簡直無可救藥。

錢因而擠壓出來慾望，為了證明努力的價值，於是用消費行為來表現，慌忙一個月，當錢進了戶頭之後，便把它用來買包，買衣服。

時間不夠用的人，消費便會變得很膚淺，把一百元當成一塊錢來用，包包上的logo變得很重要，那個符號值千金般，多了兩個英文字，便多了一二十萬，以為提了那個包，一併升添了自己的身分地位，根本不知道別人根本連正眼都未瞧過。

錢與善的關係在他們看來應該是不可思議的，寫這本書稿之前的一整年，我盤出來一套我的私房財富，其中一個意義叫做「共好」。

我的臉書不止一次的替某些沒有深交，素昧平生，有點經濟困難的人PO上只足以維持一家人生活販售的產品，例如手作的手工皂，飄香的滷味，善念的咖啡，有機的米，這些善事我一個人是做不來的，真正的功勞者是買的人，他們的錢買下了產品，一併示範出錢的另一種價值：「愛」，這一刻錢不在多少，而是心有多大了。

一塊錢不少，因為一萬個就會是一萬塊；一百元不多，一萬個人施捨就會有一百萬，這些善念者說，**付出一些小錢就能幫了別人，那才是錢的重要使命。**

研究點出一個事實，我們浪費的錢遠比提了出來助人的多得多，不相信可以打開衣櫥，分出有沒有穿與死也不可能再穿的，便知道哪兒藏了多少慾望與多少被誤植、未提領的愛心。

我好想做個實驗，在演講時帶上一個「善念小缽」，要求聽我演講的人投下「一塊錢」，一年之後驗收，看看能織一個多大的善夢？

慾望不是完全不該有，而是少一點好，它如挖洞，一旦挖了就會愈挖愈深，填不滿，成為人生流沙。

布萊克說：「**沒有節制的慾望是瘟疫**」；我相信！！

為了證明努力的價值，我們買包買衣買鞋，不知不覺掉進慾望的惡性循環。

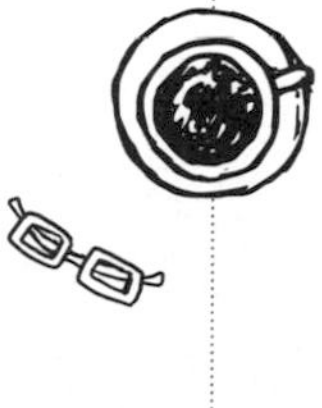

慢性疲勞症候群

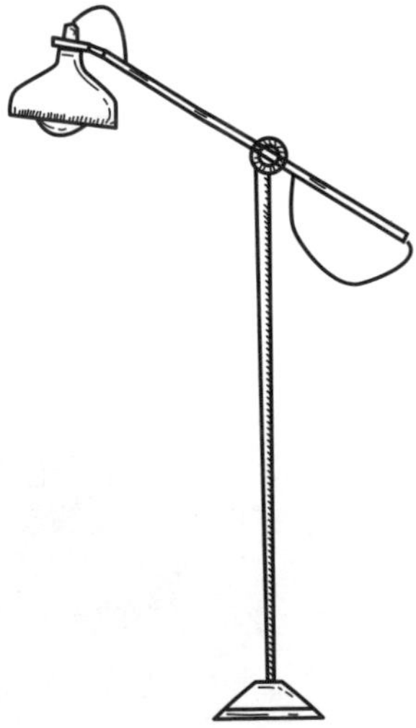

你累了嗎？

這句廣告台詞很傳神形容了現代人，疲勞早早被確定是時間的病兆之一。忙使得身體過度使用，漸次不聽使喚，頭痛欲裂，全身痠痛，這些人並非都是老人家，很多是年紀輕輕的壯年者，只是超負荷讓身體受不了。

醫學家說，這叫「慢性疲勞症候」，它是新世紀最麻煩的身心疾病之一，看似無病，卻常是病懨懨的，無精打采，活得很不出彩。

你有以下這些慢性疲勞症候群的症候嗎？

□ 四肢無力　□ 頭痛

□ 咽喉痛　□ 食慾差

□ 失眠　□ 注意力不佳
□ 記憶力不好　□ 失神
□ 煩燥　□ 不安
□ 憂鬱　□ 絕望……等等

大約就是所謂的筋疲力竭吧，這個詞彙在心理學上是這麼解釋的：「對什麼事都提不起勁，一直存在著神情恍惚的感覺。」

生理學專家提醒我們，一般人經過一夜休息之後，生理的機能多半會迅速恢復原狀，彷彿充電一般，但是疲倦感纏身的人則有充不飽電的困擾，即使好枕以眠，仍然疲倦難當，無精打采，出現枯竭、耗盡、憔悴、虛空的感覺。常見的症狀是：意志消沈、頹喪不振、厭倦、無聊、煩透了等等。

疲倦感是憂鬱的初期症狀，心理學家稱它為「小憂鬱」，屬於警告意味，如果不好好處理，就會擴大成為憂鬱症。

疲倦感往往來自長期的不自量力，比方說，身兼數職，加班，熬夜等等，長時間搜刮自己有限的體能，日夜顛倒，體力透支，最後無可避免的崩解。

即使運動也會如是，我喜歡打羽毛球，依我的年紀，實在不合適一次打二小時，一週揮拍五天，但我常如此，便因而會出現肌肉痠疲無法復原的窘境，除非我真正放下運動上癮的症狀，否則疲憊感將如影隨形。

根據專家的研究推估，正常人一天的體力頂多只有「四至六小時」，但是一般人的工作多半是一天八至十二小時，顯然完全透支，根本無力，但人非鋼造、鐵塑的，肉做的身體根本無力承受，就會因身體的不舒服，而出現心理症候了，而今一**般忙碌上班族的疲倦指數大約是過去五十年的七、八倍之譜**，應該是事實。

心理學家卡爾．亞伯拉罕（Karl Abraham）說：「不同文化、傳統、個性的人，對情緒的表達顯著不同，有的文化要求解放情緒，有的文化則要求壓抑情緒。屬於情緒壓抑的文化傳統，比較容易因為過多的壓抑而形成疲倦感。」

我們屬於後者，壓抑情緒的，更易疲倦，疲倦感的呈現提醒現代人，我們的「精神能耐」正處於入不敷出，該是靜思一下，好好貯備能量的時刻了，讓休息走出更長遠的路。

莫名的焦慮

擔心受怕如影隨形大約也是現代人的典型症狀之一，它叫「焦慮」。

一通急急如律令電話鈴聲，把我從夢中催醒，一位在電視台上班，出色的企製打來的，他向來對自己的要求很嚴，即使一些小事，都要處理得完美到極致，有條不紊，不許犯錯，急如星火的電話通常不會是好事，但也未必是大事，果真如是，他說，傍晚被刀劃傷手，一直焦慮，擔心什麼？他說怕得破傷風。

如此簡單的事，竟困擾著高社經地位的知識分子，顯然很不成對比，他們之中的百分之九十以上都屬於在校成績優秀的人，但生活能力極差，常成為焦慮症的囚虜。

美國心理醫生佛雷罕（Frahand）曾說：「**忙碌的年代，讓現代人的靈魂，空洞遊移、煩惱不堪、焦躁不安，生機勃勃的表相下其實充滿無助。**」

佛雷罕把焦慮與忙碌畫上等號。忙會使得焦慮像極了不速之客，不請自來，掠奪人的愉悅。所謂焦慮，簡單的說法就是一種心理的懼怕、緊張與不安的感覺，每個人面臨自以為是的威脅時所產生的一種正常心理反應。

焦慮實際上未必一定有害，有時適度的焦慮情緒反而會形成一股督促的作用，但持續過度的焦慮，就無益了，它將使人變得無精打采、悶悶不樂、失去自信，甚至想逃避，讓生活變得一團糟。

焦慮不安時，體內會自動產生某種化學變化，進入準備狀態，想要迎面抵抗或是拔腿逃跑，以面對眼前的威脅。過度失控的焦慮，常常是不明究理的以為被焦慮的情緒困擾著（沒有特定原因的焦慮），身體也會變得異常地敏感，即使只是遇到一些芝麻綠豆般的小問題，也會讓你產生極大的情緒及身體反應，就好像面臨了重大危難似的。

以下這些症候持續一個月，應該就是焦慮了。

- **不安的期待：**焦慮、擔心、害怕、反覆碎念、擔心自己或別人發生不幸。

- **運動機能系統緊張：**顫抖、肌肉緊張、痠痛、易疲倦、無法放鬆、臉孔緊繃、坐立不安、躁動、易有驚嚇反應。
- **自律神經失調：**流汗、心悸、口乾、頭暈、手腳麻、胃部不適、冒冷汗、頻尿、腹瀉、喉中有異物感、脈搏和呼吸快速等。
- **過度警覺：**注意力不集中、失眠、緊張、易激動、缺乏耐性。

與其說焦慮是一種病，不如把它想像成求救訊號，告訴你：「真的受不了，快快救我。」

疲倦感的呈現提醒現代人，
我們的「精神能耐」正處於入不敷出。

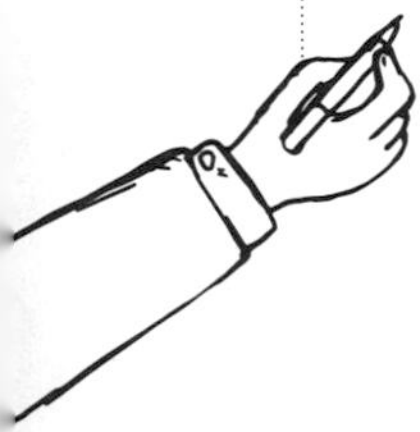

閒下來就覺得空虛、無聊

歐洲有句俗諺說：「生活的最大危險是心靈空虛。」指的是無聊嗎？

應該就是通稱的很「宅」吧，不知如何過生活，本傑明．惠奇科特便這樣認定：「世上最空虛的，就是那些滿腦子裝著自己的人。」

維基百科這樣定義「宅」字，說它是流行用語，有兩種涵義，第一種是最初被使用的詞意，從日語的御宅族演變而來的連用法，具有收集某方面知識、器物的愛好者。

另外一種涵意是基於「宅」這個字的字面涵義「家、房子」，宅男或宅女這個字眼，一般而言指的是不善長與人相處，或是整天待在家、生活不與他人接觸等負面觀感，而與其來源的意義已有了極大的差異，使用上大多是為貶意。

「我是一個宅男」或是「我真是宅」的時候，通常代表「足不出戶」或是「我看電視玩電腦一整天」等。

你有這種時間的病嗎？

可能需要用朋友來治療，心理學家狄尼說：「**人的一生需要一個知音，三個好友**」，你有嗎？

因為忙，所以沒有時間！我也曾因而度過一段無所事事的生活，寂寥到恐慌，不知道下一步要幹些什麼？暴飲暴食便成了一種替代性補償，有些人便因而換來暴肥。

慶幸好朋友拉我上岸，免除溺水於忙中，這些年除了工作之外，我不再無聊，爬山，溯溪，打球，浮潛，泡湯，伴我的便是好友們。

爬山有什麼好玩？

說這話的鐵定很少爬山，或者不懂得爬山意義的人，星期二，山屬於一個人的，那種有如山大王的味道其實不賴，一個人或坐或躺，雲升雲落，沒有時間的限額，天大地大自己最大，那是無聊者很難體會的。

我想像心儀的作家梭羅，一百年前的某個星期二，離開騰格爾湖的小屋，走在湖畔小徑，驚見鳥起，聽見蟲唧，同時間的另一個人正在繁華的紐約大都會忙得不可開交，慌亂一天回到家中躺在沙發上，解開外套、蓬頭垢面，鬍鬚未刮，聽大分貝的音樂，懶得理人，晨昏顛倒等等。

誰幸福？

湖溪是我每年五月到九月，至多十月都會做的事，一群加起五六百歲的人，一個個躍進河裡頓時成了青春小伙子，笑聲中藏著童真之氣，如果不是一群好友，一個人是很難如此玩起來的。

如果沒有課，大約早上八點，我會到附近運動中心的球場打羽毛球，隔著一張網對陣廝殺，那不可能是一個人的運動，最好四人以上，一群好夥伴最好。

一個人的海當然無不可，但在寬闊的海洋，一個人不只孤單而且危險，一群人就不一樣了，游累了有人閒聊，到了中午一起分攤海鮮大餐，不亦快哉。

音樂才子李宗盛就說，他的很多膾炙人口的作品，都是在寂寞無聊時寫作完成的，顯然，寂寞有時候是催化劑，把人的某些靈感催熟了，我的一百一十本作品之中的絕大多數都是在寂寞無聊的情境下完成的，作家彼得梅爾避居普羅旺斯，海明威住在小島，音樂人恩雅也是很宅的，善用寂寞，也可能創造不了佳作。

我要說的是，一個人未必不好，但經常只有一個人就不一定是好事了。

人一生需要的不多，一個知音，三個好友足矣。

只記得呼吸的靈魂

請容我先引述登載於紐約時報，題目為：「昏睡的美國人」的一段一針見血的話——

大多數的人都覺得自己忙得不像個人！

壓力之苦如藤蔓纏頸，

一夜能睡六小時，簡直是天方夜譚，

很難體會醒著是什麼感覺，

……

如果把美國人改成台灣人應該嘛也通，昏睡的台北人，台中人，宜蘭人……，都很像，現代人慢慢等同「行屍走肉」的人。

沒魂有體是形容稻草人，更像忙人，為了錢人人失魂落魄，只剩一口氣，用來

一呼一吸，雖說聖嚴師父曾說，有呼吸就有希望，但是只有呼吸恐怕也沒有什麼希望吧。

你的魂還在嗎？

沒有，那要找回來。

《楚辭》是這樣招魂的，半恐嚇半引誘：「魂兮歸來！去君之恆幹，何為四方些？舍君之樂處，而離彼不祥些！魂兮歸來！東方不可以託些。長人千仞，惟魂是索些。十日代出，流金鑠石些。彼皆習之，魂往必釋些。歸來兮！不可以託些。……娛酒不廢，沉日夜些。蘭膏明燭，華鐙錯些。結撰至思，蘭芳假些。人有所極，同心賦些。酎飲盡歡，樂先故些。魂兮歸來！反故居些。」

為了找回靈魂，我用的方法比較簡單有用——逛跳蚤市場，即使遠行馬來西亞演講，也會刻意安排閒行，中國報的記者許雅玲知道了這件事，特別做了一很有意思的專訪，名曰「游乾桂教你逛出浪漫」，很有意思，就在這個有閒的地方，利用一個週末假日，用目光與一點點小錢，便可以造出一個浪漫。

大學時期的每年寒暑，我都會上山部落摘水梨，當地酋長擁有唯一一頭水牛，老闆常雇請他耕作，他常來了一天，便休息很多天，我負責逮捕歸案，但老是遍尋不找，隔沒幾天他又自動牽牛來犁，問他這幾天去哪裡了，他說逍遙喝酒去，沒錢人就來了。

這個人很有意思，讓我看見不同的人生觀，是啊，錢不是賺來用的嗎？有空不用，還等何時？

他沒錢但有靈魂，反觀孜孜不息的農場主人，有錢卻缺了靈魂哩。

全部的光陰都獻身給了工作的人，不知是喜，還是憂？

事實上，我從未說過不工作之類的話，而是強調有意義的工作，有休息的工作，有玩樂的工作，享受工作，或者樂在工作而已。

湯姆斯．克勞姆說，成功是一個非常誘人的字眼，我想也是，才會把人弄得神魂顛倒，為了它，犧牲了人生最美的時段，換來疲憊身軀。

成功容易使人失了魂，沒有魂大約只剩下瞎忙吧，他們都有以下共同的症候：

- 忙到無法享受生活
- 忙到無法保持沈靜
- 忙到難以保持身心安頓
- 忙到沒有朋友
- 忙到以為自己的努力可以進到廣寒宮裡摘月

這麼忙，我猜，腦子遲早會短路的。

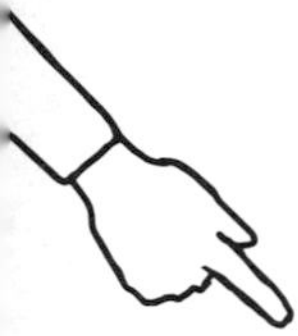

錢，是賺來用的，不是賺來存放在銀行裡的。

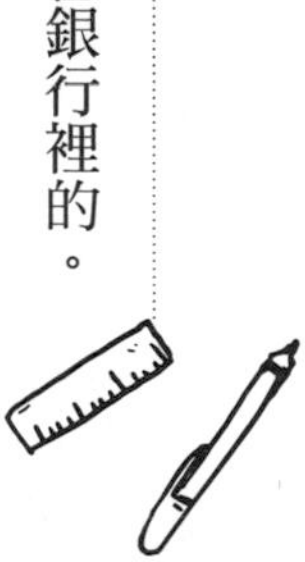

莫當穿越現代的丫環與長工

如果可以用一句話形容現代人，我會用丫環與長工！

從買房那一天開始，我們就簽下一生的賣身契，替有錢的老闆服務一輩子了，如果再不懂得生活，不會善用時間，大約便是奴了。

過往的忙是有代價的，種下稻米，會在數個月之後，多少有些收成，當季的水果經過施肥除草開花，結果之後，便有了成果；可是現代人，付出極大的身心代價，可能還不了房子的貸款，成了背著殼慢爬的烏龜吧。

表面上我們賺得的錢可能是父輩的好多倍，事實上就幣值的效益而言卻少得可憐，我們能夠支配使用的所得很有限。

這是一個富裕的年代，也是個貧窮的年代，愈是腳踏實地的人，愈是貧窮，醫生成了時薪很高的勞動階級，長壽劇的演員加班演出，自己並不長壽，專家逼不得已只好專門騙人，這些帶著諷刺的話，卻很接近事實。

現代人接近古代的丫環、長工，以前服侍員外，現代是看老闆或者大企業家的臉色，少了尊嚴，卻為了一口飯繼續忙碌。

日出而作，日落而息的鄉下人，即使工作所得不及城市人，但活得悠哉遊哉，兩相比較，不知誰幸福？

我聽過一則故事：

著名的經濟學家到非洲開經濟會議，友人向他推薦一處景點，但必須搭船過岸，只有一班，十二點準時起航，過時不候，駕駛是一位老者。

經濟學家與他閒聊後，覺得應該奉獻所學，提點他一點點現代的經濟理論，讓他明白什麼是投資報酬率。

他建議老人再加開一班，這樣可以出一倍的錢。

然後呢？

再買一條船，雇一個人，又多賺一倍。

然後呢？

開一間分店，在另一處渡口營業，利潤再翻倍。

經濟學家信誓旦旦保證，不出二十年，老人家就可以悠哉遊哉，躺著收錢，下午睡午覺，傍晚吹吹風，夜裡看星月，過著含飴弄孫的曼妙生活了。

老人家聽完後大笑：「可是我現在就在過這樣的生活啊！」

請現在就闔上眼，把這個故事再好好想一遍：

有錢沒閒，

沒錢有閒，

到底誰幸福？

你我經常如此，老想二十年後的未來，忘了快樂就在當下。

Chapter 2

文明改變了社會？還是心？

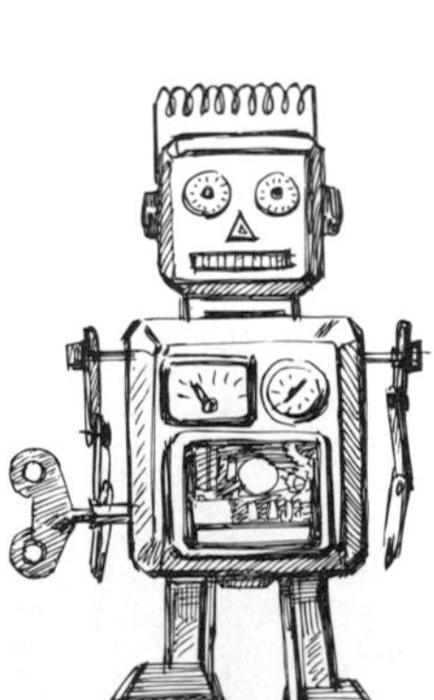

變動中的社會

在媽媽離世之後，我依囑把她運回老家，料理紅塵的最後一程，因為這件事，我得以在返鄉之時把童年重新回憶了一遍。

是的，很陌生了。

離家很近的河，而今築出一條長長的堤壩，我必須轉一條遠路，從階梯爬了上去，才能緩緩下了河，用清水的流濯腳，早年應該是撥開草叢就是河了，一群婦女會在同一個時間提上一桶衣服從家門出來，下河浣衣，遇上節慶，一併殺宰雞鴨，孩子在一旁順手接下媽媽從雞身上拉了出來的腸子，塞進石縫之中，不多時便有螃蟹上勾，肥碩鮮美，只是多有寄生蟲，我們被教導不可以食用，多半放回河中，橋的下方，有一處激流轉彎之處，成了緩灘，河蚌與蜆在此棲息，順手一摸就有生鮮可人的河蜆，淨沙去土一天，熬一鍋薑絲便是美味。

長堤隔開人與水的親密，當年的浣衣盛景不再，我們改在洗衣機前，放進衣物，再爭執或者埋怨誰來晾衣服？原本洗衣服的開心完全流失，繼之的是枯燥乏味的制式化動作。

溫泉旅館是日據時代開鑿的，汩汩流淌著四十度的水溫，積水成潭，魚兒在此聚集，這處嬉遊之地早早被加蓋，成了住宅的一部分，溝渠去哪兒了，我便不得而知。

麻竹園還在，只是面積大幅縮小，我們慣常走的那一條野徑漫漶成記憶的一部分，只能用想的，向晚時分，放下一根根勾著泥鰍的棍子，隔日再去收取，多半有收穫，不是鰻魚就是河鯰，可以賣得好價格，讓學費有了著落，野徑彷彿我們的希望大道。

玩太晚，父親生氣，準備修理人，這條野徑便變身成了逃亡之道，我們依著這條最熟悉的路，逃到安全的地方躲起來，等爸爸氣消再回家。

路邊的小黃瓜田而今成了一整排的房舍，以前從家門出來，書包裡有一小撮的鹽，隨手摘下一兩根小黃瓜，沾上它，放進嘴裡可是人間美味，這些美味隨著地景的變化一併成了回憶。

變化極大的社會，曾幾何時，竟被窮忙霸道，人人皆忙得僅握一砂？

日本詩人石川啄木在詩集《一握之砂》中有過這樣的迷惑：「**怎麼工作，不管再怎麼工作，生活還是不見得優渥。我凝望著自己的手。**」

是啊，以前父親的那個年代，工作即使是辛苦的，但至少很容易尋找到代價，但是文明科技的巨大變化之後，我們依舊忙碌但卻淪為窮忙，而且不快樂。

哲學家叔本華說：「**金錢只是人類設計出來的抽象快樂，只有那些不能再享受人生實質上快樂的人，才會全心全意的奉獻於金錢。**」

是社會變了？還是人心變了？

《醉古堂劍掃》中有一句引人深思的話：「**透得名利關，方得小休歇，透得生死關，方得大休歇。**」

或者名利坑人讓人陷在誘惑之中？

遺失了的價值

童年時期，很長一段時間，家門前是爛泥巴的土路，晴天時漫天塵土，風一吹四處飛揚，一旦遇上雨天，公路局的客運車開了過來，飛濺出來的泥土把家門噴出一幅抽象畫，我家的雜貨舖，必須端出一排擋泥板，才能讓貨架上的商品免於天災。

家中最重要的收入是果園，金棗、橘子、竹筍等等，天災決定產量，決定收入，決定那一年過得好不好，但無論如何，父母都是開心的，不因颱風吹走了金棗的花苗，讓秋的果實少了許多，而眉頭深鎖，他們年復一年的這樣工作、這樣收成這樣度日，雜貨舖是第二筆收入，即使窮困，依舊能抽出一部分的錢捐給宮廟，救助窮人，他們不富，但知道有人比他們還窮吧。

住的是只能遮風避雨的老房子，蚊子在蚊帳外嘶鳴，伺機想鑽進來吸飽孩子的血，老鼠在水溝邊徘徊，等待廚餘，蟑螂四處都是，一不小心，我們都會吃出一個大大圓圓的蛔蟲肚，條件如是之差，但至少睡覺可以夜不閉戶，沒有錢也不必害怕丟失什麼。

我們不有錢，但心理很富有。

社會大約發生了有如蒲柏說的：「**有財富的人被稱做有價值的人**」的觀念深植人心之後，很多便改觀。

為了錢，什麼都能昧著良心去做，駭人聽聞的小模事件，表面上是「摩鐵吸毒趴」，但若非價值觀扭曲，何以會盛裝赴會，吸毒狂歡致命，供毒的人固然可惡，但若非高額鐘點費用的迷惑，這種事斷然不可能發生的。

如今的房舍寬敞明亮，卻少了貼心，多了冷漠，樓上樓下門戶緊閉，密密實實的互相防範。房子從住的，變成投資，一旦有了利益，它便不是房子，而是商品，炒來炒去，房價節節高升，貸款付到老，人們累如牛，很多人因而從良民升成了騙子，只想處心積慮的把別人口袋裡的錢換到自己口袋，還清債務，人生因而由歡樂變成悲哀。

扭曲的價值觀蠢蠢欲動，一旦分享不再，擁有占滿心靈，我們便不可能再是慈悲者，而是掠奪者了。

變動中的安全感

菜頭豐收的季節，一早被喚起，陪爸爸站在泥土道上等待從湖東載出來的新鮮菜頭，伸手攔劫，搶下大約一百斤的備料，做他的菜脯乾。

我的工作便是曬乾入甕時的踩踏，職司小工，不知要踩多久，反正父親喚了，我便洗好腳入甕狂踩直到上學，而今想起來卻很有味，那是童年一段甜蜜的記憶。

大黃瓜盛產的季節，同樣的方式攔劫一百斤，刨開之後，挖掉籽，便開始曝曬，直到水分全失，加鹽糖裝瓶靜置，那是早上熬粥時的最佳配料，父親一吃再吃從不厭倦。

製作醬瓜的空曠之地，毫無遮蔽，灰塵竄飛，但我們卻從未擔心空氣中是否有有毒物質，懸浮粒子，粉塵，彷彿一切都是如此乾淨。

夏天沒有空調，但大圓扇子便很夠用，白天會熱，但夜裡微風徐徐，空氣清新，沒有溫室效應；婚喪喜慶，全村一起忙，有人張羅椅子，有人借來筷子，拼拼湊湊成了宴會，這些鍋碗盤筷都是一用再用，沒有特別的消毒，卻也沒有人擔心。

金錢物慾讓一切全改觀了。

過年前多半是我負責張羅年節菜餚，童年記憶中的蘿蔔糕在採購的名單之中，但是市場中來去數趟，遲遲下不了手，有加防腐劑嗎？這種提問商家是不可能如實作答的，最後只好硬著頭皮、自以為是的相信那個自稱剛剛生鮮出爐不會加壞東西的婆婆了。

北上讀書之後，我變得很愛吃麵，菜市場一包現擀的細拉麵，當天中午下來吃食，但是眼前的麵店，如山的產品，如果當日沒賣完，隔日會賣嗎？如果會，防腐劑是否有大量添加？

一直是豆腐的迷哥，愛吃極了，但市場的豆腐九成九有不該添加的成份，因為豆類的賞味期只有三四小時，之後便可能發酸了，豆製品一賣再賣、永遠可賣的理由，不言可喻！
花生油沒花生。
橄欖油不橄欖。
杏仁添加香精。
雞不是雞。
漢堡肉不是肉。
素的是葷的。
總之亂了套了，文明之後的食物，處處風險，不得不吃，但誰敢放心吃？

文明最大的變動是價值觀，一旦分享不再，
慾望占滿心靈，生活便變了樣。

聆聽的藝術

　　爸爸的那個年代不屬於會聽的年代，但至少會關心，讓人安心，但文明狂襲的年代，不僅少了耳朵，同時缺了心靈。

　　家的原意是安樂窩，現今看來則是惡魔島。

　　契訶夫一八八六年的《悲苦》，優美地詮釋了我們多迫切需要一個有耐心的傾聽者。

　　故事從馬車夫波塔波夫遭受喪子之痛開始。

　　他駕著馬車在積雪的路上等著，想跟任何一位願意停下來傾聽的人吐露他的哀痛，但沒有人暫停腳步。

　　最後是馬兒，當他的最好聽眾，他一股腦地傾吐出來，終於從孤獨的絕望中解脫出來。

這是個有意思的故事，我們都需要人傾聽，但往往不是家人，而是只聽不說的狗兒耐心聽我們說話。

早期可不是，這些大人也許無法聆聽自己子女的心聲，但彼此之間都是好聽眾，他們坐在田梗，菜寮旁，果樹下就可以聊了起來，將孤獨解碼，媽媽們更厲害，藉由節日的互助，便可以把幾個月的牢騷發盡，他們不難找著渲洩的對象。

文明之後，很多人都想吶喊：「沒有人眷顧我。」

而今的生活中充滿高張力，每一分每一秒，需要有人傾聽，但卻少了這樣的人，家不再是家，鄰居不過是共同住在一棟樓裡的人，不是夥伴或者朋友，缺乏以往鄉下人的溫度。

我們少了一些簡單的，可以使彼此更加融合、愉快相處的互動，如是的人際潤滑劑消失，摩擦就會跟著到來。

美好的互助

盤碗出租的家業，含藏了一則動人的故事。

當年有很多小孩在大陸被捉來當娃娃兵，沒有主觀意願，孫義是其中一位，落戶在我家附近的軍營，想家與當兵的辛苦讓他想逃，那個年代這個動作是會被判軍法的，也許是死刑，逃出軍營的他，越過了淺水的溪，躲進的民宅就是我家，父親於心不忍，無法舉報，便連夜把他送去搭火車，流浪去鶯歌，幾年之後，孫叔叔找上了門，下跪磕頭答謝父親救命之恩。

之後他娶了陶瓷廠老闆的女兒，成了老闆，並建議父親改做這個新興的行業，陶瓷用品，一律由他供應，等賺了錢再攤還，沒賺就算他投資，事實上一聽便知是報恩，父親點頭答應，並且做起了生意，由於是宜蘭第一家，生意好得不得了，賺了不少錢，得到是以供我唸大學的費用，倆老的恩情故事成就那個時代詩般的一頁。

「單個的人是軟弱無力的，就像漂流的魯賓遜一樣，只有同別人在一起，他才能完成許多事業。」叔本華的這句話看來是對的。

颱風來去，屋頂掀了，但換瓦需要工人？

隔壁的叔叔伯伯，利用農忙的餘暇時光，自動來家幫忙，工資載錄下來之後，改天換我們去替他收成果實抵還。

有人一年到頭難得吃到肉，我的家鄉拜拜的節日是農曆的十一月半，拜完之後，大豬公肉切塊分贈送上門來，最大的一份給這些窮人中的窮困人。

這些事在我想來是回憶，屬於過往時光了，在下一代的人耳中則可能是神話，沒有發生的事。

不僅換工，也常常換菜，懶得回家還可以留下來換吃，我們互相幫忙，可惜時代文明淘盡了這樣的熱度，取而代之的是冷漠。

文明之後，便捷的生活拉近人的距離，卻掏盡了人與人之間的熱度。

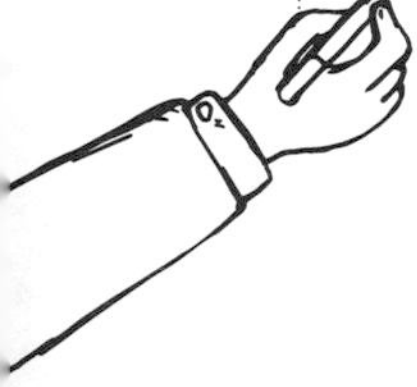

迷失的熱情

蘭陽的冬異常冷冽，風從河口夾著冰鎮的氣吹了進來，凍僵刺骨，這樣的天氣必須天光初亮起床，發出嗞嗞作響的冷水中洗臉，跨上腳踏車，騎往十公里外的果園除草施肥摘果，宛如一趟孤獨之旅，沒有怨懟是騙人的，但熱情讓他消弭了一部分的壓力。

故鄉的小村落有兩個大節日，中元普渡與十一月半三山國王廟大拜拜，父親會在這一天準備得很豐盛，祭神請客，他習慣站在大街上攔劫過往的行人，很多認識，有些不認識，卻熱情的把人押了進來，遞上碗筷，夾了肉魚，便請人大快朵頤了。原來預訂只請五桌，後來都會擴充成八桌，十桌，在他看來請愈多神愈開心，未來愈好。

鄉下人的人際關係是一個很好的互助系統，一呼百應，我們熱情的打招呼，不計較的幫忙。

下田工作，並非單單只是為了一口飯，熱情也是要件之一，否則一日復一日的做同樣的事難保不會疲乏。

如今這套熱情的模式，只能在少數一些成功者的身上看見，它是能量，可以使得一件平凡無奇的事，綻放出最耀眼的光芒！

演員羅素克洛、天文物理學家霍金、作家羅琳，以及運動家菲利普斯等人都在專訪中表示，自己是追隨熱情的人。

「我們喜歡我們所做的事。」

失敗不會使他們裹足不前，半途而廢；熱情會人持續不斷的嘗試，最後成就了夢想！

帕克說：「**處處熱心的人生，才是事事滿意的人生。**」

過量的慾望

引一大師說：「貪欲之人，無有厭足。」

但真要這麼貪嗎？

收入與消費這題數學我很早就懂，十減七是三，八減五是三，五減二也是三，但人生的路徑便有大不同，賺五萬遠比十萬元容易多了，差別在於「慾望」，只要把惱人的慾望去除一部分，定格在需要，而非想要，人生自然美好。

我印象中的父母很少有些奢華的消費，過年連一件像樣的衣服都沒有買過，連同我們也是到了高中，家中有了一點點錢，才得以出門到宜蘭市區買下平生第一件卡其衣服之外的平常服，至於大餐上館子的事大約便是零了。未必完全是錢的關係，而是他們打從心底就覺得並不要吧。

父親應從沒賺過大筆的收入，但卻開心不已，很容易滿足。

我們家養的雞屬於野放的，四處遊歷，連下蛋都得出動人手四處找尋，媽媽是尋蛋高手，大約明白雞的生活地圖，很快便找著一顆，三顆，五顆，極開心的煎兩粒讓我們帶便當。

柯爾克孜族有句諺語：「金錢不過是一天的財富。」

我猜爸媽是信的。

知足的人，慾求少了很多，金錢就難以成為束縛，作家候文詠先生提到，慾望大過能力的人，人生必是死棋，我同意這種看法，人生本是如是，慾望多了，四處追逐，消耗的能量必定大上許多。

知足不是一無所有，而是懂得何時夠了，不要勉力強求。

不知足的人常犯的五種錯：

- 買豪宅
- 愛名車
- 迷名牌
- 穿華服
- 做自己做不來的事

沒錢得閒，不一定是壞事，如是才得以躺在自家陽台，在星月交輝中，讓微風細雨在臉頰拂掠，諦聽草蟲唧唧鳴唱，細數天上星斗。

遺漏了回憶

白落梅在他作品中寫道：「在故事還未開講之前，且喝一杯叫做回憶的咖啡，聽一場叫做往事的煙雨。」

這形容到位，表明人是需要記憶的。

媽媽離世之後，我驚訝的發覺，我們之間是有回憶的，闔上眼，滿滿的全是他的身影，童年往事。

以往的那個年頭照相館不多，相機不普及，但回憶全壓實在心裡，拍了相片會很用心放在相冊裡，而今方便得很，自拍數千張，值得留念真沒幾張！

我家附近有一座小山，樟樹結果的季節，我們會呼朋引伴上工，採摘果實，把它塞進空心小竹子的兩頭，用棍子大力擠壓便可以飛射出去，成了一支名副其實的自製武器：ＢＢ彈槍，自製的風箏，沙包，高蹺也很好玩，如此輕而易舉的滿足，而今早早流浪去了。

英國作家狄更斯在他的《老古玩店》一書中有文說到：「**一個知足的人，生活才會美滿。**」

台北熱鬧嗎？

我住了快四十年，一直覺得它是「死城」，除了忙還是忙，欠缺人情味，少了珍貴的童年回憶，每一個人都被催熟似的，進社會成為機器人。

村子裡唯一一台電視機記得是黑白的，少棒比賽在凌晨進行，一整個村子有人敲鑼叫喚，迷棒球的幾乎全起床恭逢其盛，即使它是黑白的，畫面很模糊，常常定格沒有訊號，我們依舊樂此不疲，比賽時賣力吆喝，人好多但一點不覺得擁擠，如是熱鬧的場景現在不多見了。

如今，人手不止一機，走到哪兒滑到哪兒，連一家人一塊用餐也用它溝通點菜，人少了交流，家哪可能是家。

當年的生活確實簡單平凡，但卻甘之如飴，而今的生活方便但很隨便，河也由清澈變成渾濁，食物從安全變成不安，原本可以隨便走動路的馬路變成龍潭虎穴，稍一不慎便把命掉。

科技帶來了非常不簡單的生活，人變忙碌，生活也就不由自主的起了變化，變的最多的叫做回憶，「身不由己」被迫安排下一場戲，人生便因而沒戲。

知足，生活才美滿，心靈才富足。

喪失掉的自由

長椅條上的印記雋永有味，大約是夏天的七點，冬天的六點多，天光暗了下來，微風起了的時候，我家的雜貨舖子就會聚攏很多人，與父親一起吃花生，聊天，說鄉野，那是一天裡，父親的最美時光。

這些人全是在田園裡忙了一整天，用過晚餐之後的偷閒人，日出而作，日落便息的，遵守四時律令，一天的起伏，活得很自在。

自由在百科全書上的解釋太過冗長與複雜，簡單的說法，應該是一種可以由自己意識所做的決定。

父親決定在農忙之後的休耕時間，組了一個進香團，繞台灣一周，他說做就做，應該便是自由了。

父親的雜貨店一般都有公定價，但有些人可以買到便宜一點，這個決定是他作主的，理由是窮人比較便宜，這也是自由。

這些其實是很平凡的自由，但多數現代人卻散佚了，我們無法決定自由，那麼一定會被自由決定。

早上九點門診，晚上十一點半才回到家的牙醫生，我真的很難想像他有什麼自由，除了周遊在三十二顆牙齒之間，一次再一次的討論植牙的價格，補牙的方式，如何說服病患用比較昂貴的材質以擁有更高的利潤之外，其餘的時間約莫只剩下睡覺。

他有錢但沒有自由支配錢的機會。

早上九點到電腦公司上班，晚上十點打卡回家，這樣的人連時間都不是自己可以支配的，更何況人生。

他們賺取的錢是我父親的十倍二十倍，但我父親擁有的自由時間是他們的十幾二十倍，誰好？

律師密密痲痲的跟著他的個案討論案件進行的方式與收費的價格，即便個案表明自己是低收入戶，案件對他而言又很重要，請求律師高抬貴手，幫一點忙，最後還是不了了之，律師說，很抱歉，我們也要生活。反觀我的收入也許小於他，但有自主的自由；演講結束，一位爺爺替孫女挑選我的書，慎重的在幾本書上取捨，最後發現缺了三百元，我慷慨告知，餘款我付時，爺爺開心的露出金牙，笑著向我說謝謝的那種感動，久久不散。

現代人常常決定黑夜如白天，我比較幸運，可以決定黑夜是黑夜。

辛尼加於是不得不提醒我們：「人們犧牲了閒暇才得富裕，當富裕帶來唯一令人滿意的自由的時候，我們為了富裕又不得不犧牲閒暇，這種富裕對我有什麼意義呢？沒有自由的精神活動的閒暇何異一種死，等於人們活著就被埋葬。」

不用什麼都比

「幸福學堂」私塾課中的第一堂山頂上的哲學課為什麼選擇平溪？

說實在的我也不知道，可能好朋友帶我爬山的入門課在此，抑或者它在基隆河上游，本來就以山水奇景著名。

水之奇在瀑布，有「瀑布之鄉」之美譽；山在多，則以峰尖嶺險而著稱，其中以石筍尖、薯榔尖、峰頭尖為代表，號稱為「平溪三尖」；尖峭壁陡，則以孝子山為最，素有「小黃山」之美名。

群峰爭奇，峰峰之間，山徑相連，可連峰縱走之山峰不下十座，在此上一堂幸福課確實是好道場，釐清人生，順道身心靈安頓一番。

偷閒是主軸，解壓是副題，帶著他們看山看水之餘，我也順道把積壓的壓力清除一番。

一起悠遊山水的朋友依舊對我有些誤解，以為悠遊精神醫療，替人觀心解壓的我，一定也無風來也無雨，其實正巧相反，我的人生與一般人完全雷同，壓力一樣無所不在，而且多半還是自找的！！

比方說，我根本不是超人，更非千手觀音，卻自以為是，不懂得拒絕，以至於一件事加一件事便等於很多事，挑燈夜戰仍做不完，煩便上了心頭。理論上一個好的作家專欄頂多接三個，或者更該是一個，但好名好利，以為多多益善，便一個接一個，不僅天天趕稿，甚且忽略品質，成了名副其實的文抄公，我算知恥的人，沒多久便從中醒悟，壓力頓失。

我算早期的名嘴，一週上N個節目，還算言之有物，但舟車勞頓體力依舊吃不消，濃茶侍候，咖啡加持，否則必定要用牙籤撐住眼皮了。

現在想來大約就是「比」這個字坑害的，什麼事都想與人一比，比錢，比車，比房子，「比」這個字很有意思的早早埋下伏筆，它是兩把匕首合在一起的字，造字者早早提出了預告，**什麼都與人相比的人，兩把刀之中至少有一把會插進自己胸膛**，傷人也傷己。

「自由」是由自己意識所做的決定；
無法決定自由的人，將會被自由支配。

創造新的支援系統

童年故事並非無病呻吟的回憶，在字裡行間隱伏了一個沒錢有閒的支援體系，即便當年的人也有煩惱與心事，但這一套系統管用，足以使人得到安頓的效果。

溫泉坡上的一對夫妻經常吵架，先生一拳把太太給打跑了，先生因而自責的天天喝酒，以淚洗面，當村長的父親搭上夜車，遠赴人生地不熟的台南把人家太太找回來，表面看不過是好事一樁，事實上則是療癒，經由他的勸解，成就了一門好事，先生從此不再鬧事，太太因而不再心傷，父親或為他們的和事佬，爭紛時的支援系統。

村子裡的大叔因為缺錢，把隔壁竹筍園的竹筍偷偷摘取去變賣，人贓俱獲，父親當和事佬，取出自家雜貨店的菸酒賠罪，要邀大叔留下來一起用餐曉以大義：「以後有事找我」，這是多大的力量，大叔後來便沒有出過什麼大麻煩，有事也找父親，他不是給錢，而是給他事做。

父親看似員外，實際上更像心理醫生。

錢是惱人的東西，以前也不是沒有，但被淡化，只當它是交換的憑證，但科技讓它綁票了人，成了最危險的殺手了。

兩代之間最大的差異是為錢工作與樂在工作，最後忙在工作，累在工作，緊張工作與壓力工作了，對免疫系統反而造成極大的影響，即使有了錢，實際上只是一堆無用的紙。

要錢不要命，真的值得嗎？

知名的電子企業邀我演講，約法三章要求我別談休閒，美好，運動與戶外生活，希望焦點鎖在不懈的工作，創造業績，可是這非我的強項，真是強人所難；身心安頓一事，在企業主看來竟是工作效率提升的辦法，講師費用極高，但我依舊拂袖而去，這個錢不賺了。

這件事讓我感觸良多，原來立意甚美的講座，卻是用激勵之名，包裹著糖衣，塞了鴆毒，教人更加賣命，此事明白指出，奢望老闆替屬下思考，簡直是天方夜譚，人必須自我知覺，在要與不要之間做出決定。

一天十二小時賣命工作，累得不成人形，無疑是透支，是一種時間的借用，健康的借用，必定要償還的，人生非這樣不可嗎？

如果需要無日無夜的長時間工作忙於賺錢，工作無疑是條「索命繩」，美好人生會成為騙術，賣命工作，最後只會賣了命。

如果醫學沒有新的貢獻，無法發明不死仙丹，人生是不可能太長的，百年爾爾，就完成一個交替，本該緩一點，讓眼前擦身而過的美景，留下一片風情印記，可是多數人硬是快馬加鞭，騎著寶馬奔馳在人生道上，像一陣風，咻一聲滑過，由於忙著，友朋之間後來連見個面談心的機會也都少了，總是說，還在忙著，下一次吧，約會漸次成了無法兌現的允諾，而今想來不勝唏嘘。

更傷感的是，以前參加的全是婚禮，而今漸漸淪為喪禮，送往迎來好生諷刺。

人生的目的？

活著的意義？

理論上它應該是一個圓，八等分，成就只是其中一份，只有八分之一，餘下的還有休息、浪漫、嬉戲、聽雨、賞楓等等美好的活兒；如果無人提醒忠告，我們便很容易全部用在努力、拚命、賺錢，功成名就等事情上，直到身體吃不消，忙死了。

凡事不可強求，人只有一命，夠用就好，不求不是不要，而是明白自己的不能，便懂得要與不要之間的學問了。

人生本像公車站牌，站站不同。
兒童期，站名叫玩樂。
二十歲，站名叫讀書。
三十歲，站名是工作。
四十歲，站名叫生活。
五十歲，站名叫優雅。
六十歲，站名叫樂活。
七十歲，站名應該就是自在了。

錢在古代不過是信物，就是交換，累積成了新解釋之後，痛苦便跟了上來，為了它操勞一生，甚至得出病來。

沒有貨幣的年代依舊可以進行交易，反而單純，我養的豬換你家養的雞，他養的牛換別人家裡的蔬菜，別人家的魚換來我家的鴨……只要互相覺得公平就成了，皆大歡喜，沒有錢做為流通憑據的社會，反而有好處，少去積累，就沒有競爭，變得很平和。

金錢改變人類，變得很不單純，原來只是便於交易、計算，後來竟演化成積累，擁有，私藏，最後忘了生活的本質只是生活，卻學了夸父，一輩子忙於追求財富，日以繼夜的奔馳，最後渴死，原來渴切的寧靜、溫柔、美好、祥和的社會，卻擦身而過，失之交臂了。

錢是人創造出來，我們是它的上帝，可是曾幾何時，錢卻成了人的上帝，奴隸人們，我們花掉了一天之中的三分之二的精彩時光，只為了求取更多一輩子根本用不上的錢，可是有了它之後，卻又忘了好好使用。

實際上，**人的一生之中多半是要的太多，用的不多，卻又想得很多**，永遠不滿足，直到有一天，病入膏肓時才有了覺醒。

過年前我替社區辦了一場浪漫有味的「跳蚤市集」，很多人取出實用新穎的二手生活用品出來販售，標價五十元，一百元，至多三百吧，最終很多人變成以物易物，這個場景讓我很有啟發，**把自己不需要的變成別人的需要，可能才是錢的真實價值**，彼此互助，相互照應，就是一套美好的安心系統了。

人生的目的是什麼？賺錢又是為了什麼？
不妨靜下心好好想想。

只為一輩子而活

只有一生，不是三生、五生，不必花很多時間積攢很多錢。

「金錢這東西，只要能夠一人的生活就行了，若是多了它會成為遏制人才能的禍害。」——這是諾貝爾的名言，非常接近事實。

一輩子需要多少錢？

大約沒有多少人努力盤算過，課本中，考試裡，我們被動被告知，有出息的人就是有錢的人，所謂的有出息便是賺得比別人多的錢，這樣才算功成名就，很有面子。

事實上，如果只以柴米油鹽醬醋茶估計，需要的根本不多，只要一口氣在，那就更簡單了，可是我們卻被束縛在那些空思妄想，身外之物，虛名浮利之中了。

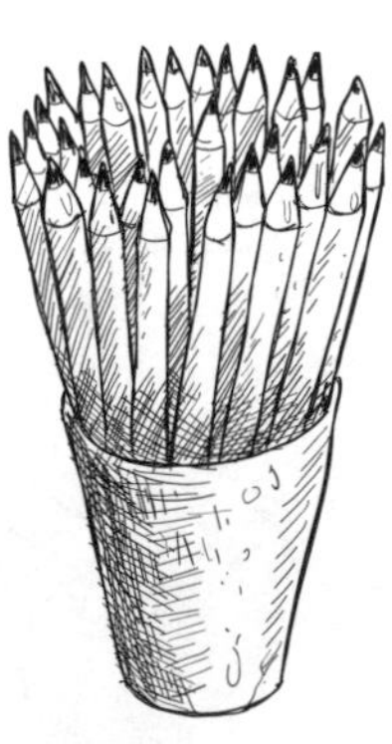

研究指出，世界百大有錢的人最缺乏的是快樂。

結果令人迷惑，原來有錢未必是快樂的，或者錢是不快樂的根源，這些年來，我被尊奉為簡僕生活的大師，以為我是飲風餐露之人，神仙似的，帶把劍就可以闖蕩江湖的俠客了，那是武俠小說的情節，並非實況，只是電視台或者報社記者自己想像的，我在受訪時，從未說過自己是神仙。

錢是必須，但要得到的與要不到的有差別，只能得一瓢飲，必要與不必要各有一半，**錢是活著的憑藉，但命才是活著的事實**。

人生順位是我的叮嚀，以前以為錢該是第一，近幾年它的排名往後了，早是第五、第八了，現在是健康第一、快樂第二、玩趣第三等等，過得歡喜如飴。

為什麼要什麼都有？

「一」不一定最少，多也未必最多，有時慢才是快；超跑選手林義傑有一次參加撒哈拉沙漠長征，得了第三名，他說自己跑得並不快，但跑到了，這話很有禪機，暗指跑到比起跑快更快。

我的壓力一直不多，並非沒有，而是不想不請自來。

開銷不多，沒有入不敷出，就不用像夸父一般，追逐根本不可能追得到的太陽，永遠疲於奔命。

房子先從小的，遠的買起，不是不愛豪宅，而是買了它之後，我的人生便會變得好窄，房價是年收入的三十倍，再笨也能推估，除非我活成八百的彭祖，否則怎麼還？

一是王道。

一棟房子，行的，三棟房子就不行了，一輛車可以，為何要有二三輛。

一次做一件事吧，不是兩件事，三件事。

這樣的人壓力會少很多。

人生，不必什麼都有，懂得取捨才是「生・活」。

再度找回樂活

英國政治家班哲明・狄斯雷利說：「採取行動固然不一定能帶來快樂，可是沒有行動，卻註定了不可能快樂。」

苦也一天，樂也一天，為何不下定決心行動，離苦得樂？

我非天生樂活的人，甚至帶著一點點文人的憂鬱性格，這些年來，寫了近二十本關於美好生活的書，全因「轉念」，朝著開朗大道前進，我覺知人生並不是想像中的美好，必須追夢踏實的追尋。

助人常樂是事實；狄更斯說：「世界上能為別人減輕負擔的都不是庸庸碌碌之徒。」

奧地利的一位生意人卡爾・拉貝德比我父親更是豁達，二〇一〇年把價值逾五百萬美元的錢悉數捐了出去，包括名貴豪華車，滑翔翼飛機，與坐擁山巒、人工

湖泊與三溫暖的豪華別墅，富人變窮人，卻反而快樂。

淡泊名利的平凡人一併清除了金錢的掛念。

德國有句俗諺說，單純的人擁有比較多的快樂。

應該是吧，這些年來，我有同樣的體悟，不必計較費用多少就答應前進高牆聳立的監所裡，幫一群受刑人開釋人生哲理。

有位受刑人因而寫信給我，希望我送他兩本書並且簽名，但表明沒錢可付，我應允了，而且替他寄上。

他開心的回我，有你真好。

我懂了：**讓別人快樂可能是慈悲，讓自己快樂，應該需要智慧。**

禪宗裡有一則故事：

老太太有兩個女婿，老大賣雨傘，老二賣鞋，她成天憂心著，找禪師開示，她這樣提問，雨天賣鞋的女婿生意不好，天晴時賣傘的女婿門可羅雀，怎麼解決？禪師說，怎麼不倒過來想，雨天賣傘的生意興隆，晴天賣鞋的門庭若市，老太太心想也對，從此便快樂起來了。

快樂與不快樂往往是同一件事，負向的人不開心，正向的人很快樂。快樂多了，不快樂就少，一天之中有不快樂，也有快樂，把快樂的事全收集到了，人就樂觀。

我不是快樂的人，但懂得找著快樂。

停一下吧，一直大步向前行未必最好，有時停下來抬起來，才能看見日升日落，風花雪月的人生風景。

「快」會讓人生只有起點與終點，少了過程的曼妙，而今走路能到的我完全不開車，十分鐘的路程，因而看見春花秋月。

傍晚的空檔時間，霞光中，微風下，啜飲一杯錫蘭紅茶，那才是忙裡偷閒的浪漫。

人生的第一順位決不會是錢，健康、快樂才是優先順位。

Chapter 3

活出自己的意義

我要什麼樣的人生

夕陽西下的微光中，我坐在頂樓的屋頂花園，靠近含笑花飄香的角落上，把躺椅調成四十五度，望著附近的興隆山，思考離開學校之後的這三十年，我的人生稱得上有意義嗎？

除了一點虛名，被人叫做名人的偽名聲之外，有無對得起自己？有名這件事現在想想也滿膚淺的，到底是五百人知道算有名，或者五千人，五萬人，五十萬人才算，我確實有一段時迷戀在名利的追逐裡，很想多幾個人知道，急於出書，電視來者不拒，把自己忙得人仰馬翻。

以下要講的這件事已是很久之前的一個回憶了，卻成了我思考人生的價值的模子，印製現今的美好。

製作人到我家來商討節目的內容與型態，來去幾回，一直未找著交集，同一時間，我的迷惑加深，盤旋「這是我要的嗎」的疑問之中，在此之前我已主持了節目，對於工作的形式一直無法適應與掌握，一整天錄下來，氣力全盡，疲憊不堪，如果再接這一檔，加上另外加碼的兩個節目，我能應付嗎？

很快的我便有了答案，中止製作的約定，回到無事一身輕的原位，我無法昧著良心，自命清高的告知，我本來就雲淡風輕，當時若有所失才是真實狀況，而今想起來則是慶幸，如果接下檔期成了知名節目主持人，必定成了陀螺，只讓人生不停的打轉，沒有自己，缺乏意義，也許我會很有錢，但不保證這些錢會存在，也許會像某一些主持人一樣千金散盡，投資賠光，更重要的是，絕對失去時間，人生成了出門與回來兩個動作，在半夢半醒之間流失光陰。

我依舊喜歡主持人這個美妙角色，有一個平台可以暢所欲言的說說自己的評論與觀點，的確不賴，於是我選擇小房間裡的廣播節目，退居二線成了來賓，一週只錄製一小時，二十年來一直保有發言權這個角色，倒也開心。

人生永遠存在魚與熊掌，不同的兩回事，我們想兼得，但真的無法兼得，有了財富會失去時間，想得閒便難以得錢，悉數擁有的是異類，我一介凡人是做不來的。八小時是我一天做事的極限，我只能擁有「這時間之內」的所得，我要減少消費，還是忙得不可開交增加收入？更明澈的是，人生就是一輩子，四十歲是峰，再來是谷，便會向下沈淪，我只能做自己，無法也不想做別人，或者他人要求的角色。

活才是一切

《紅樓夢》第五回中，賈寶玉遊歷太虛幻境，見一幅對聯：「**假作真時真亦假，無為有處有還無。**」

人生亦復如是吧，生作死時生亦死，真實活著才是一切，錢再偉大也沒有命大。我們經由努力讀書，拚命工作，好好賺錢，一系完成的，但是我們往往在賺錢之後卡住了，忘記賺錢的目的是為了好好過日子，而非家財萬貫。

這是心理學家弗朗克的人生意義追尋，我很喜歡且一直牢記。

春節後的某一天，乍晴還雨，絲絲小雨淋在PU場地上，濕濕滑滑的，羽毛球的邀約告吹，提供我閒晃跳蚤市場的機會，身上帶著一小筆私房錢，有十塊的，有五十塊的，背起包包，尋寶去了。

市集人頭鑽動，摩肩接踵，我習慣用閒散的腳步，在這座看似髒亂的地帶，隨意流轉，不刻意買什麼，也就什麼都能買了；也許是作家的職業病，目光常不由自主的轉向舊書，這一天來了一推倒店貨，排出長長一條線，大約有千本左右，一律十元，但憑喜好，任君挑選。

愛書人很容易在此得到寶，而且所費低廉，我曾在此買著自己的老作品，遠流出版社出版的《風水寬心書》，十元，哎，真是的。

彎下腰來挑書，其實辛苦，尤其雜亂無章法更顯難度，賣書的人是一對母子，媽媽不年輕，兒子很小，看來是老來得子吧，這是我瞎猜的，不代表正確，小孩拿來紙袋：「叔叔，這個給你。」

我抬起頭來望一望他，含笑答謝。

目光很快就被一本民國56年出版，長25開本的小書，深深吸引，封面是素雅的白，書名是深紅色的字體，寫著《從集中營說到存在主義》，作者是佛蘭克爾，我靈光閃過，確信它應該就是我熟知的弗朗克，只是譯名不同而已，我用手取出這本書，輕輕的放到我的身旁，腳則因悸動而抖個不停，真是踏破鐵鞋無覓處，得來全不費工夫。

我萬萬沒想到，一本找了很久的書，會在髒亂雜錯的跳蚤市場裡偶遇，而且只要少少的十元，老闆把它當成舊書來賣，我卻視之為寶，是寶非寶，非寶是寶，端賴喜好了。

緩緩打開了書，在第一頁裡窺看前主人的筆跡，擁有者一共三個人，署名華、年、珍，我不確定他們是家人、同學，或者朋友，但感謝他們把它交到我的手上。

我擅長說故事，喜歡有故事的書，相信每一個心理學家的理論背後都應該有一段流離轉折的故事，弗朗克就是這樣的人。

關於弗朗克的事，一下子全浮光掠影出來了。

他是精神醫療的一派宗師，著名的存在治療法的主要建構者，與佛洛伊德是同時期的人，二次大戰被關進了慘無人道的集中營之中，度過一段囚牢歲月，包括他的父母，兄弟姐妹與妻子，不是死在集中營，就是毒氣室裡，他發現自己擁有的一切，一夕之間全失掉了，加上飢寒交迫與虐待強加，他幾乎失去了求生的意志，這也使之認真思考存在的意義；功成名就只屬於存在，如果不存在了，便塵歸塵，土歸土了，即使存在，如果人生行屍走肉，依舊還諸太虛。

弗朗克被納粹強行帶走，直接上了火車，與一千五百名囚犯押往奧斯維辛，這正是傳說中充滿毒氣室、焚屍爐、大屠殺的地方，巨大的陰影馬上浮掠而來；下了火車，行李留在車上，人們按男女分列兩隊，一個神態自若的軍官在一旁從容不迫的指揮，一會兒指向左，一會兒指向右，事後才明瞭，指向左的那群人全進了毒氣室，指向右的充當勞役，而他幸運的向右，這一次的生死抉擇，引動了他的許多啟思。

在集中營中，死亡幾乎隨時發生，經常有人受不了苦而觸電網自殺，或者病亡，更多的是被虐待死的，有一回，他隔著窗啃食饅頭，眼睛剛巧與前一刻被帶出去，尚未闔上眼的屍體四目交接，彷彿盯著他瞧，他心一驚，本能倒退了幾步；這種感傷很難形容，就在屍體被扛出去的前二小時，他還與他交談著。

住在陰森森的鬼城裡，弗朗克在集中營中看盡生離死別，痛苦與絕望，也在難友身上看見了人性的光明，為什麼同樣在集中營中，會有這麼大的差異與矛盾，這讓他靜心思考生存與意義的關係，也許有人參透，有人未必吧，這或許正是他後來常引用尼采的話——參透為何，才能迎接任何的原由。

弗朗克的存在主義似的意義療法之所以風行歐洲，源於它來自一場豐富而深刻的經驗，而不是騙人的陳腔濫調，具有發自內心的反省，它並不像歐洲的存在哲學一樣的悲觀與反宗教，他相信只要能找著生命的意義，人就有活下去的理由，活得更精采，這也正是他可以在慘絕人寰的集中營中，存活下來的理由。

這本書有故事，也有反省，令人悸動，心思好像被什麼纏住似的，一堆意念在腦悔中掠來掠去，巧合的是，我就在跳蚤市場裡從一對為了存在而來賣書的母子手中，買到他的存在主義，真的很有意思。

我握住書，微微揚起頭，目光恰好與小朋友交接，他靦腆笑了一下，彷彿提醒我要不要結帳似的，這一本小書，我仍緊緊握住，深怕一鬆手就被人搶走，我的手有些微顫，慢慢站起身來，拍拍煙塵，連同其它的四本書，一共五十元，我把錢放在小孩的手中，輕輕一笑，並且把那紙袋子還給小孩。

雨，仍落個不停，從綿綿細細到如彈珠大，很多攤販，眼見生意做不了，也開始收起攤子，包括舊書攤，我成了他當天最後一位客人，我帶走書，他拿了錢，我們在雨中分手。

寒流來襲，外邊有點冷，是夜，我躺在背窩裡，帶上老花眼鏡，一頁頁翻著，努力重讀集中營裡迷人的故事。

身價的八分之一叫做錢

錢本來就不是人生的全部，但多數人當它是一切來奉行。

活著為了什麼？錢，那就太過膚淺了，歐洲有一句格言，我覺得有深意，他們叮囑現代人，死後最好只剩一塊錢，這表示了什麼？

我因而想起林則徐的家訓：

子孫若如我，留錢做什麼？

賢而多財則損其志；

子孫不如我，留錢做什麼？

愚而多財益增其過。

我們之所以想賺很多錢，未必全數是貪慾，另有一個原因是孩子，可是給子女財富，他們便可以得到真正的幸福嗎？

父親曾說，一個人該擁有的是勇氣、骨氣、志氣三氣合一者，人生才會不懼，拜倫說，逆境是達到真理的一條通路，如果什麼事都替孩子鋪陳好好的，應該走不出像樣的人生。

日修大師把一天當一輩子來演，這樣一來便有春耕、夏作、秋收、冬藏，也有起承轉合，白天黑夜，我的白天是老闆的員工，但是黑夜則由自己當主人，白天工作，夜晚休息復活，等待明日重生。

努力工作，但只做到沒力就停，夜裡放空，還原失去的體能，明日再造，我創造了一個周而復始的輪迴，一套有益身心的態度。

我的收入一直不是最多的，但消費很少，二減一還有一永遠是正數，不像我的好友們，收入雖多但減除消費變成負的，正數才是贏家，煩憂頓減，不是嗎？因為存在才有意義，於是我設想過一種更有意義的生活，不希望自己的人生有如蟻螻一般拚死拚活。

這個美好夢想來自美國哈佛大學的經濟學家史酷必，他強調「身價」，說它值二億四千萬，工作不過是身價的八分之一，為了八分之一，失去八分之七，的確可悲。

價格與價值因而有了區分，價格是金錢表面意義，但是價值則是深沈的內裡，錢可以買得到全是小事，買不到的才是大事，真的買不著應該則是大事不妙了。

活著幹嘛？

最妙的意義應該是享受人生，得到你所要的是其一，享受你所得的才是核心意義，工作這件事很辛苦，所以該由休閒生活負責醫治，歐洲人樂在工作並非代表工作全數如飴，而是懂得兌換，把辛苦的工作用度假旅行，優雅生活，下午茶等等抵消，再度開始下一段努力的歷程，這種周而復始的演繹是有意思的，讓工作變得擁有美好目的，辛勞成了下一段旅程的美好付出。

依前所述，每一個年紀，夢想應該都有所不同，三十歲的人不可能等於七十歲，人該隨著歲月的荏苒，而有所精進，三十歲，智慧未開，執迷於工作，想賺很多錢，是合情合理的，但是過了十年，到了四十歲，就得好好想一想，是否該在工作之外，加點生活趣味，到了五十歲，想望優閒生活是合情合理的，六十歲，希望人生精緻優雅，七十歲則該雲淡風清了。

人生本來就有很多無奈，離苦得樂才是使命，所以得保握，歲歲年年花相似，年年歲歲人不同，以前輕而易舉可以做得到的事，而今不能，搬一個重物，得先默念一、二、三，緩緩搬起，腰肩無損，得誦阿彌陀佛感恩，以前遠近皆得見，如今視茫茫，怎麼看都不宜了，曾經相信不會老，現今知道不會再年輕，這就是人生；它不是絕對，而是相對，一種游移，東補一點，西挖一塊，組成當時的最美。

我因而理出一套很有哲思的人生四要，一健康、二快樂、三時間、四美好生活。再加上口袋還有一點點錢，叫做「富有」，如果只有努力工作賺到錢，頂多叫「有錢」，有錢跟富有不同，有錢人是有錢，之後很容易一無所有。

這是一個笑話：

僕人跟主人講：「我比你聰明！」

主人疑惑，僕人笑道，說他有辦法證明。

第一道提問：房子多大？

主人聽了之後哈哈大笑，房子多大還用問嗎？當然很大，前面有一百多坪花園，後面有一百多坪游泳池，中間寬敞之處有一百多坪是別墅，還問僕人大或不大？

僕人繼續第二個問題：賺多久？

這下主人更開心，賺多久還用問嗎？

「你以為一天、二天可以賺到這麼大房子嗎？我告訴你，我可是賺了二、三十年。」

僕人這下笑得開心的。他一下子就住進來，而且按月有薪水，花園都他在散步，泳池無人唯獨他游，別墅諾大他享受最多，到底誰聰明？

我明白了，上回我在豪宅區內發現有人優雅的躺著做日光浴的，可能不是主人，而是僕人吧。

我喜歡臥讀陶詩未終卷，又乘微風去鋤瓜的心境，一首詩便可以解這兩層意義，柴米油鹽醬醋茶，不可不要，琴棋書畫詩酒花，非要不可，橫批——活得像人；

我們不是不要工作，而是要做有意義的工作，做人本來就很辛苦了，如果再無意義，渾渾噩噩，糊裡糊塗過日子，便是蠢了。

朋友問我，何以少煩惱？

「煩惱無用，無用煩惱」吧，說來簡單，但卻要一個「究竟」，人只有一輩子，要不了全世界的，所有的努力都得付出，那只是一種交易，我不願意用珍貴的時間，換取代幣式的金錢，我理解哪些該要，哪些不該要，什麼重要，什麼不重要，哪些需要，哪些不需要，這樣一來，就可以分出重要與不重要的了。

我與眾人一樣，人生只是一個圓，只不過一般人要的是全部，我只敢得一小部分。

以購買房子來說，辛苦買下之後，負擔很大，貸款付不起，活得很不自在，天天煩著，心情跌落谷底，這一棟房子鐵定不重要，但我並不反對買一棟屋來遮風避雨，付款輕鬆，沒有壓力，把家營造得美輪美奐，這棟房子就很重要了。

賺錢亦復如是，賺到了，可以用得到，那是我的，賺到卻用不到的則是你的，賺到之後得與閻王平分的，他的了。

財富是我心目中的生命意義交換券，不是綾羅綢緞，或者美玉寶石，沒有錢當不可行，但只有錢也不行，我用它去換取一輩子的浪漫行旅。

還想多賺一點錢，因為：

- 想蓋一座給人幸福感的美好生活中心
- 想替老家的鄉民蓋一間圖書館
- 想再走一趟絲綢之路
- 想……

沒有錢一定走不了的，但有了生命意義的賺錢方式，即使苦，也有樂了。

「人生最終的價值在於覺醒和思考，而不只在於生存。」

亞里士多德眼中的存在更高級，除了生存之外，還要有意義。

活出人生意義

人生的主人是自己，不是別人。曾經引起轟動一本書《山居歲月》，作者比·梅爾給了我不少聯想，從事廣告文案的他，名聲正隆，薪水優渥，卻當下辭去工作，遠赴法國小鎮普羅旺斯過著閒逸的生活，怎麼想的，引起好奇，原來學問就在「人生不止工作一事」吧。

美國紐約時報的評論家理察伯恩斯坦的故事給我不少啟發，一個名氣日正當中的人，五十歲生日一過，便放下工作，踏上一萬二千公里的人生新旅程，循著唐僧玄奘的路線，從西安越過絲路，由印度折返中國，他是怎麼想的？值得好好窺探，是因為他發現時不我予，再不做就不成了，或者人生乃百代之過客的催促。

古羅馬時代有位哲人朗吉弩斯說：「**金錢的貪與享樂的貪求，是人們淪為奴隸的主因，它將使整個人掉入深淵之中。**」

人生真不準，好朋友才兩年沒見，年前去拜年，家人說走了，彷彿說滅就滅了，就如同我的一位護理長朋友所言，明天是那麼樣的不可靠，有時候一天便走了好多人，在醫院中看慣了生離死別的他，開始相信人生真的只像一種來去。

很多人為錢而活，所以活得不開心，完全沒錢，也不見得快活，怎麼活才好？意義吧，活得有自己的意義就大不相同了。

廚餘環保專家劉力學先生，說了一句令我思索良久的話：「不是所有工作都是苦的，我就樂在其中。」

這個老外很特別，他把收集來的廚餘，變成了黑金——有機肥，再用有機肥生產出健康的菜，提供重症患者一個無汙染、有機、生命力強健的有機蔬菜，據朋友轉述，他的蔬菜有優先順序，依照疾病的輕重緩急，嚴重者優先提供，健康者排在最後，他為一種叫做意義的責任而工作，難怪可以樂在其中了。

有些單位看上他的有機堆肥的技術，想與之合作，並且開出好條件，他都一口回絕了，他明白那非自己製作這些產品的原意，他只想替土地盡一分心力，替需要的人種出好菜。

很多生物學家都有夢，想把失落的東西復活過來，日本的長毛象復活計畫的實踐者後藤和文先生，便是這種人，一輩子都在西伯利亞為這個滅絕的古生物努力，八十多歲了，仍孜孜不倦尋找可以複製的基因，據他表示這是一個老人家的夢，但盼有一天美夢成真。

有機農場的主人莊玉隆，生過病，知道患者的痛苦，他了解病從口入，這個口便是飲食，汙染、農藥過量、不潔的飲食，往往是生病的來源，因此他蓋了一座有機農場，除了自救之外，也提供病友養生菜色，他種出良心，也種出希望。

退休的老校長黃清龍煩得不得了，有一天，他在公園中不小心看見，很多在下棋，乍似開心的老人，背後都有一段不為人知的故事，有些老人家根本有一餐沒一餐的，才驚覺自己身在福中不知福中，與他們比起來，有退休金的他，根本不該煩。

為了替老人家解決吃的問題，他成了送便當的有心人，把熱騰騰的飯送到沒有著落的老人家中，換來感恩的眼神；老人家有飯可吃，而他自己也創造了新的生命意義。

我有兩位朋友，經過一番爭戰，打敗無數人，進入了醫學院，考上醫生執照，順利當上了醫生，行醫多年之後，一個變得憂悒上身，另一位則活出快意，完全不同，前者相信賺錢是一切，財富是需求，努力的目的就是為了錢，後者像華陀，視病猶親，以病人的立場為立場，遇到窮人不收費，沒什麼病的不開藥，活得很自在。

錢當然重要，但是只為了錢生活，就很沒有意思了，我幾乎沒有見過憂愁的醫生有過什麼特別假期，終日忙著，把錢鎖住，用來置產，錢愈積愈多，房子愈住愈大，生活卻日形消沈，他終於很有感觸的說出心裡的話——賺得了錢，卻失去了人生。

但後者常常找時間休息，日子在荒野中度過，他相信錢只是身外物，多少天決定，不去強求，因為如此，反而活得愜意，不為五斗米折腰，有多少錢買多大房子，從不使自己有大負擔。

是的，這就是意義吧，如果工作被賦予了新的意義，雖苦亦樂；如果工作只是為了錢，甚至一種貪念，便將使人身心俱疲。

壓力肯定與活得有無意義有關，有些人也許不是什麼大人物，沒有滿囊的錢，也不富有，住不起別墅，國民車代步，但卻快意自如，關鍵就在生命意義。

煩惱起於名利心，佇足貪念，源於野心……如果少了這些，憂愁便少，壓力減了，就是「解壓術」了。

不是所有工作都苦，活得有意義，生活便愜意。

海納百川的謙遜

歌德說：「只有偉大的人格，才有偉大的風格。」

與一位自行創業，當上董事長的朋友閒聊，意外得到了兩種啟發：一、壓力是自找的，很多壓力其實是不必要的，只要態度謙和一點，完全可以避開；二、能力不是取才的關鍵，態度才是。

他告訴我，人才一詞並非自己決定，把自己當人才，全心學習，全力以赴，沒有不成功的，反之，天分傲人但散漫成性也無濟於事，他覺得把**自己演好的人，必有信心，挫折少，壓力就少了，反向回饋給自己的便是能力**。

他舉一個例子，公司有一位員工，自稱很有才華，事實上，的確不差，但是好勝自大，遇上難題從不求人，弄得焦頭爛額，常常對同事大發雷霆，與他共事的人因而壓力大增，而他自己同樣過不了坎兒。

謙虛應該不止是態度，也是才幹吧，海納百川；董事長自己很懂事，便是「懂事長」，用人精確，唯才是用，自己反而優哉遊哉，不管事最懂事。

他所錄用的一位年輕人，能力並非最上等但心性很好，凡事必問，很得人緣，傾力相傳，很快便習得一甲子功力了。

研究證實這一點：**天分不可靠，人格特質更重要**。

除了我的寫作與心理專業之外，我有一些不為人知的本事，比方說，房子的設計，漂流木的製作，修理水電等等，這些並非天生，多半是偷學來的。

原來不懂是懂。

謙虛的人，但似不懂，卻很快弄得懂，因為身旁多了許多貴人。

怪不得奇斯特．菲爾德會說：「**謙遜是釣取學問最棒的香餌**。」

讓人生變得豐富

「每個人都有責任讓自己的人生變得多采多姿、極富趣味；人類的能力基本上相差無幾，只要想做，任何人都可以做得到，每個人都該保有只要去做，凡事都可成功的信念。」

這是日本人中內功對於豐富人生的想法。

老樹媽媽謝粉玉具備的大約就是這樣的阿甘精神，堅毅不拔，別人視若愚痴，她卻堅信不移，花錢出力保護老樹的信念，連最親近的三個兒女都覺得匪夷所思，不盡認同，可是時光荏苒經過多年，孩子終於懂得這位護樹媽媽的心境，為了購地安置老樹，她所欠下的貸款何止五千萬，哪兒有樹她的重機具就到哪兒，與山老鼠、建商周旋，為都更開發瀕臨死亡的老樹請命，幾近傾家盪產，背負龐大的債務。

兒女長大後，毅然加入護樹的行列，以她為榮，覺得他們家雖是負債，卻很富有，希望有朝一日，可以建構一座老樹公園。

這是一項不可能的任務，因為艱難，謝粉玉反而更執著，更堅定，她的心念很單純，只因她懂種樹與愛樹得到的減碳功能最卓著。

二十多年了，她救活數不清的老樹，龐大的負債還是壓得她喘不過氣來，壓力突襲，除非奇蹟，有更多人出錢出力，否則這個任務終將抵不過財團的蹂躪，成為金錢主義下的刀俎，但是她的執著與韌性，使之化壓解憂。

熱忱的態度是一種必要，唐娜．雷布隆克在他的作品《熱忱原則》一書上說，找到熱忱，與它相會，不要在乎它是否替你賺到了錢，而是它注定會替你的人生做出貢獻。

對事情一直懷抱熱忱的人，即使遇見的挫折比他人多上數倍，仍不會灰心喪志，壓力一揮就走，淡化成煙塵。

「要評判美，就要有一個有修養的心靈。」

我喜歡康德的有修為的心靈。

感恩的心，藏了魔法

波普說：「當我發現一個人有誠摯的感恩之心時，便會相信有一天他富有了，也一定會有一顆慈悲的心。」

感恩，會把伯樂一直拉在身旁，隨時準備助你一馬。

國小老師李德謙在小學四年級的作文簿上寫上「特優標準作文」的評語，這句話如同魔力一樣隨我一生，他像恩人，讓我隱約看見一條寫作的路，國中的國文老師符子文說我的作文：「無一字贅語」，並要我讀出那篇文章，人事已非，畫面依舊，導師游騰守講述所謂的「言要有本」，一直被我典藏，成為演講的獨到秘方，很嚴謹的依循凡事有本的方程式寫作。

陸軍八三一精神病院當兵期間完成了我的平生第一場很正式的演講，院長蔡詢

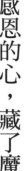

皋親點我登場，台下聆聽的全是國防部的高階將領，我很心虛的完成使命，卻搏得極大的贊賞，讓我添得無比信心。

退伍之後，我有一段不算短的時間一直與蔡院長有所聯絡，他是個不苟言笑的軍醫，但對屬下極好，尤其對我。

長弓出版社堪稱我的伯樂，第一本書《心理的掙扎》由他出資出版，現想來依舊覺得那是一場冒險，但他斷言我會火紅，憑什麼？我不得而知，以前以為是文字魅力，但我回頭再三審視該書，文詞生澀，內容空洞，哪有什麼火紅的本錢，也許是態度，我的做人處事的態度有別於他見過的作家，因而做出預言的。

我很感恩意外出現在人生之中的伯樂，開啟了我的寫作之門。

第一個提供我專欄的人是現在的著名演說家，以前的大華晚報副刊主編吳娟瑜老師，投稿多回後，他主動來電，說我把文學與心理學結合的寫法很有創意，見解獨特，要求化身專欄作家，我原無此意，但勇於承擔，便接下重任了，那一段時間是我最大量的閱讀精華，為了寫一篇二千多字的文稿，得閱讀二十五萬字，而稿費只是區區六百元，但價值滿滿，成了我爾後的無形資產。

我的第一項工作是政大老師鐘思嘉教授提供，他創立《父母親月刊》，要我這個毛頭小子當總編輯，他許是被我離開學校前講的狂妄之言所迷惑——「明日看我」，之後我的文章散見於鄭林鐘主編的中國時報家庭版，經由這些恩人提攜，我勤於練習因而習得了一技之長，有了未來謀生的本事。

對於有恩於我的人，我都心存感恩，牢記於心，時有聯絡，人生路上，少了這些人肯定，就會如同失落的一角一樣，很少有人可以利用一己之才，成就一件偉大的事，甄子丹主演的《十月圍城》告訴我們，孫中山先生的革命大業，若無這些市井小民幫忙義助，不可能成就的，千千萬萬被之感動的必定是散發出來的熱情。

成功者離不開這樣的模式，人生道路全受過人的提拔與幫助，如果缺了某個人，他們的人生未必如此順利；嚴長壽的人生有貴人，給他舞台，而他也用同等的方式給了弟子蘇國垚，雖然他說，**肯不肯付出，肯不肯學習，肯不肯接受意見是成**

功的關鍵，可是更重要的還是有沒有人提攜。

心若改變，態度就改變了，態度變了人生也就變了，壓力再大也都不太大了。

感恩，會把伯樂一直拉在身邊。

大雨過後，必會出現陽光

西塞羅說：「有勇氣的人，心中必定充滿信念。」

人生本來如是，白天黑夜，黑夜白天，雨過天青，雲來飄雨，明白人生起落，必有風雲，是智者，也是勇者，或者超越者。

三國演義中有一段關於劉備託孤給諸葛亮的故事，孔明知道阿斗扶不起，在那個風雲詭譎的年代，仍接受託孤，明知不可而為之，大勇之人也，這種有承擔的人即便有壓力也很容易化解。

勇者可託重任，懦者很難有為，因為他們的思維截然不同，**懦者把困難當做行事的障礙，但是勇者會把它當做進步的階梯**。

美國微軟公司用創意用人，題庫之一是「如何移動富士山」，觀察方向有二，一是是否接受挑戰，二是有無獨到的方法。

如果連解決問題的勇氣都缺乏的人，必定很難承擔重任，莎士比亞說，有膽識的人最先贏得冠冕，應該就是此意。

每個人對人生的認知皆有不同，有人相信也無風來也無雨，有人相信風雨不斷，有人覺得狂風暴雨，有人則說，雨過會天青。

德國哲學家說，經驗與閱歷合起來就是智慧。

經驗的出處在「失敗」，他給人當頭棒喝，也提供人們進步的動能。

心理健康者把失敗當成了常態，覺得是自然的事，一定會發生的，但是心理不健康者把它當做了變態，不喜歡它落在自己頭上，這就是差異。

壓力很難在我身上形塑出什麼漣漪，大約來一下就走了，從不製造麻煩，看來更像來送禮的。

文藝營的學員問我如何成為作家？我笑稱，先坐在家裡，磨出稿子，投了出去，準備接退稿，久而久之，就是作家了，我的笑語中有些是實話，不怕失敗，不懼挫折，才會減少壓力，做出美好決定。

藝文界的佼佼者幾乎都是不怕失敗，因而走出困局，日本著名的文學家村上春樹，不擅詞令，不懂交際，連基本的數學都不靈光，可是他堅守夢想，真誠對待自己的人生態度，終於擁有自己的舞台。

早稻田大學戲劇系畢業的村上春樹，長篇小說《挪威的森林》獲得文藝新人、穀崎潤一郎獎，銷售量久不墜，算是長春作品，可是人生並未與寫作一樣順利，村上春樹用奮戰不懈的方式解決難題，從週一到週六他都把發條上得緊緊的，特別是早晨上學的路上，卡卡卡，擰了三十下，鄭重的對自己說，今天一定要努力呀。

心裡懷著一個夢，可是不往前走的人一定到不了目的地，即使這個夢看似不遠，可是似近猶遠。

《百年孤寂》的作者馬奎斯是諾貝爾獎得主，但寫作生涯也非一帆風順，他的長篇小說《枯枝敗葉》於一九五五年寫成，卻被數家知名的出版社先後退件，有人甚至附上短文勸其改行，不要當作家，可是他仍堅持不變，繼續往文學的大海航行。

馬奎斯如因吃了出版商的閉門羹，選擇放棄，偉大的文學家就不可能誕生，只有挫折不倒才有成功的可能性。

羅丹是法國著名的雕塑家，出身於一個貧戶家庭，小時候成績並不優異，但對繪畫有著濃厚興致，曾先後三次被拒於巴黎美院的門外，評語是毫無才能，這個毫無才能的孩子後來創作了《沈思者》、《吻》、《青銅年代》、《地獄之門》等等舉世無雙的藝術作品。

他的作品展現巨大的思想與精神魅力，帶給人們深沈的美，羅丹自陳成功之道在於堅信自己，不替停滯不前尋找虛偽的藉口。

努力的人未必有機會；
不努力者一定沒機會。

風雨不斷是平凡人生中最常見的一句話，也無風來也無雨是奢望，苦其心志，勞其筋骨，餓其體膚，空乏其身，方是常態，因而成就了韌性，堅毅與堅持到底的心態。

菲利普斯說得真好：「**失敗是什麼?它頂多是一個教訓而已，意思是要告訴我**

們缺失在哪裡？」

壓力應該也是同樣的意思，頂多是一個提醒吧。

人生不可能一路相安，跌倒了，最好的方法當是爬起來。

如果連解決問題的勇氣都缺乏的人，
必定很難承擔重任。

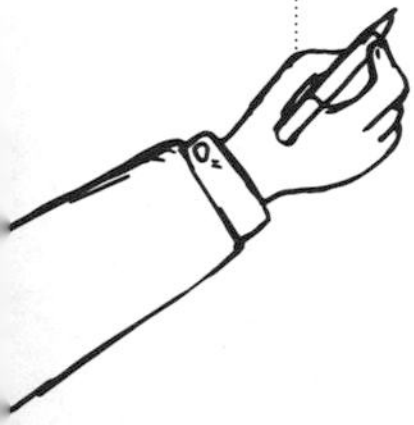

Chapter 4

當自己的心靈捕手

自救或是他救？

猴山岳的登山口附近有一處高地，我常依著圍欄，遠眺101，很多攝影行家會在元旦時避開塵囂開車上山，準備一壺熱薑茶，拍攝煙火奔放的美景，旁邊有一間獨門小店，專做登山者與攝影家的生意，放山雞與生鮮野菜，吸引口味清爽的老饕。

我喜歡沒事就來，沒有目的凝視山景，吃頓野味小餐，無有目的的做些簡單的事，像個哲學家，想些事兒，寫下幾行字：

心若灑脫，人便快樂；
心若慈悲，人便幸福；
心若隨緣，人便從容；
心若超脫，人便智慧；
心若質樸，人便知足。

這些寫進書裡三兩行的人生體悟，反而比起我的心理醫療專業，更容易幫助人，也幫助自己。

「生氣何用，何用生氣。」

彷彿座右銘一般烙印在心，連我自己都受用，偶偶爾想了起來某些煩惱也就不見了，是啊，愁與不愁都是一樣的窘境，何必愁。

自從離開醫院之後，我已不把自己定位成學術裡的專家，理由是我深知專業這件事日新月異，不更新就會跟不上，只是老朋友們都知道我曾是個療心者，依舊無事不登三寶殿上門求法，要求我當他們的黑牌心理醫生，給予一針見血的處方。

事實上這是犯忌的，不僅有違心理治療的潛規則，而且效果不佳，畢竟朋友之間，太多事情會掩飾的，不可能實話實說，就很難在治療過程中施作見效，但我願意提供一私屬意見，不屬於心理的，更像是禪。

我的角色因而比較接近：「禪師或者哲學家」，提一些「究竟」的想法，讓他們自我救贖，心理醫生看來屬於臨時抱佛腳的行業，無法馬上介入冰凍三尺非一日之寒的難解習題。

人生明明是一杯寧靜澄澈的白水，我們常常自己添加雜物成了冒泡的碳酸飲料；有些事明明不可能做得好，對某人來說那是妄想，不是理想，比方說，像超人一樣的飛行，比登天還難的事還想辦到，無疑是自找苦吃；有些人不該幫，幫了不僅賠上錢，賠上時間，也賠上自己；有些東西不該「貪」，明明一場演講應該只有兩萬元，學校的行情價是五千到一萬，人家開十二萬，最後一毛錢都沒拿到也是意料中事。

這些事沒有人比你清楚，斷然決定的應該是自己，不是醫生，我們需要的是「自助」，不是醫生用專業幫助患者脫困的「他助」。

但自助非電腦程式寫成就好，需要冥想沈澱，反省反芻，經由接受、面對、處理、放下等等歷程，方可來到彼岸。

壓力不是敵人，是朋友

好友夫妻，中年轉業，在郊區開設一家風格優雅的舊書店，書房的一角附設一間咖啡小屋，生意不錯，可是客群很窄化，必須是愛書人，生意難以存續，老闆人好，買書送咖啡，就更入不敷出了，店面租金過高，即使常有交易，可是利潤微薄，太太因而生了心病，憂鬱症纏身，出現錢的恐慌，頭寸調得朋友全失聯了，大夥全怕他們。

太太因而看診吃了一段時日的精神藥物，全無見效。笨蛋，問題在錢，除非解決眼前燃眉之急的錢事，否則難解，我建議收攤，不要續約，否則錢坑會愈挖愈大洞，填補不回，倆夫妻接受我的建言，關門歇業了。

憂鬱不藥而癒，剩下單純錢債，困難不大。壓力無所不在，單靠別人在一旁用力拉住是不夠的。

很多事情其實個人都心知肚明，但放下很難，更不可能馬上與立刻變好，**經濟壓力當然也是壓力，視而不見就是「敵人」，試著撥雲見日則是「朋友」**。

與其想多賺錢，不如節省開銷！房仲朋友信誓旦旦告訴我，賣一棟房子抽佣十萬，十棟就有一百萬，但我問他賣幾棟了？結果是零，那不就是天方夜譚嗎？房租有七千的，一萬的，一萬五的，兩萬的，他選了最貴的那間，一個月的房租兩萬元，他奢想一間用來教琴，一間給兒子當家教，客廳租人當辦公室，這樣就只要付一半的租金便有三倍的效用，人算不如天算，他的願景無一成事，壓力壓得喘不了氣成了敵人。

我的壓力也不少，但基本上都是朋友，我的做事方略是：做得到的我做，幫得了的我幫，付得起的我付，萬一做不來呢？我會說「不」。

我不當強人，媽媽離世前，我來去醫院，滿腹酸楚，一回家全身鬆懈便大哭一場，塵歸塵，土歸土之後，送媽媽最後一程，軀體在烈火中成了灰燼，端著骨灰罈子，久久不能自已，哭讓我釋放，我明白「男兒有淚要狂輕彈」。

我的角色是「收心理垃圾」的人，病人倒出來的垃圾，我沒有辦法倒給他人，但也不可以一直擺著發臭，這樣會喘不過氣，我得有些方法把它安頓，讓壓力轉危為安。

長年陪我嬉遊的人與事都是我的心理醫生，比方說，早上四人一組打起羽毛球，大約持續二十年了，後來加入住家附近運動中心的羽球隊，在汗流浹背中對陣廝殺解了不少壓。

開著車沿著北二高轉62快下瑞芳，轉北濱，在龍峒卸下裝備，套上潛水鏡、著蛙鞋、一根呼吸管和泳裝，便可以下水體會海的溫度了。

不用邀請，熱帶魚會自動找上門來的，在潛水鏡的四周，色澤斑斕，悠遊自在的翻轉，莊子的夢蝶說，此刻你會懂的，並且了解：我非魚但知魚之樂。

冬天泡湯，也是大自然賜的安魂劑，野溪溫泉尤其有味。

「野溪溫泉」顧名思義是隱身野地、藏身溪谷山嶺的未開發溫泉，因為人跡罕至，這些大自然的溫泉保有它的神秘風貌。

有些地方需要翻山越嶺、冒險犯難，自己挖出一個小洞洞把人塞在熱騰騰的水源之中，一旁是冰鎮的溪流，冷熱交織，文字難以形容其中樂趣，它不必錢，但需要一顆放鬆的心，非常療癒。

當初換了新家我便一併考慮改變生活形式，以頂樓或者一樓做為考量，主要是貪得一處空間可以「蒔花弄草」，這些年來證明它的確是我另一個好醫生，種植是春，收成是夏了，秋的菜冬採收，玩出好心情。

一場演講等同八小時的工作，吞吐之間彷彿一個世紀，極累人，上完課有如「比利連恩的中場戰事」，必須轉換心情，帶上一杯茶，在夕陽微光中，把壓力驅趕走。心情流轉之間，靜心，心靜，根本不可能依靠別人，只能自助。

我的自我療癒很接近英國著名的海爾診所提供的「順勢療法」，重點在「放鬆」，教病人放慢步調，尋找生活曼妙，給的是治本處方；海爾診所開心的處方都很有趣，包括——「多與朋友相處」，「步調慢一點」，「悠閒的使用一頓餐點」，「工作盡量少一點」，「培養自我的興趣」，「去公園散散步」……病患在身體上得到症狀的緩解，心靈因而安頓。

海爾的醫療人員，在我看來不像醫生，而是禪師、佛師與哲學家，必須有能耐告訴他人存在的意義、工作的目的，與生活品味等等，這些全是壓力的來源，也是解壓的真正管道。

英國心理學家柯雷克斯頓說：「**現代人已發展出一套重視速度、省時與最高效率的內在心理，一天比一天強烈。**」

令人擔心的是，當一個社會進步到必須以「快速」度日時，壓力便將先於雪花風月到來了，煩惱只增不減，必須做好如下準備：

一、**強化自信；**

二、**建構更美妙的生活，讓步伐緩下來，尋找人生最美好的邂逅；**

三、讀一**些有用的書；**

四、**隨時準備迎擊壓力。**

壓力不是敵人，而是朋友，友善的告知人們，事情已到了必須重新整理的地步，並且質問你，改變？還是管他的？

壓力是事實，表示生活之中一定有出錯之處，提醒我們修正過失，撥亂反正。

為何壓力無所不在？

理由其實很簡單。

人很平凡，但卻誤以為萬能，演出無所不能的戲碼，直到氣力放盡；我們小小的腦袋瓜塞滿了成千上萬的無聊學習，卻又消化不良；很想不聽、不想、不看、不問、不做，無事一身輕，可惜辦不到，爆炸的資訊，充斥氾濫的紙堆文化，還是排山倒海的襲來；很多朋友告訴我很想休息一陣子，卻又事與願違的活在忙碌中，行路匆匆，很不自在。

醫學家肯尼斯．皮爾泰爾在他的著作《大腦：醫療者殺手》一書中提到與壓力有關的失調現象時呼籲人們，別把解壓的重責大任交付醫生或者心理學家，忘了他們根本就是外人，無法進到內心世界，他們意見佳，方法妙，但若未實踐，對壓力不理不睬，一樣神仙難救。

精神醫生與心理專家這些專事治療他人心情的人，反而自殺率偏高，實情是囤積了過多的心理垃圾，但缺乏清理的行動，看似弔詭與諷刺，實則告訴你我「自助」

比什麼都重要。

放棄了自助，便不可能有他助與天助了。

明白壓力如何而來而不去減量，叫做笨，明知山有虎偏向虎山行，自找麻煩者，則是蠢了。

做得到的就做，幫得了的就幫，付得起的就付；萬一做不來，就說「不」。

壓力經常來訪，做好應門的準備

老家一位身體硬朗的中醫婆婆，八十八歲之前，沒什麼毛病，但兒子過逝之後，天天以淚洗面，老嚷著不想活了，壓力太大，身體便一落千丈，沒多久便檢測出來癌症，再過半年便仙逝了，這正是壓力的威力，別等閒視之。

只是煩也一天，樂也一天，何必去樂就煩？

這個想法叫做正向力量，靠的不是醫療，而是信念。

兩只杯子坐在落地窗前在咖啡吧上聊天，其中一只杯子很感傷：

「當杯子真的很無用，什麼也無法決定，剛才裝滿的水，等一下就被喝光了，又被盛滿，再被喝光，彷彿被人玩弄於股掌之中，最後掛在杯架上，天天重複孤獨又無聊的動作。」

另一只杯子說：「我的想法正好不同，我覺得有意思極了，本來是空空的杯子，被人裝滿，又喝光光，再被裝滿，變化無窮，主人很細心的把我洗滌乾淨，放在美麗的骨董架上，點亮迷人的燈。」

古羅馬時期的哲學家藍伯利基說：**「兩個人從同一座城堡向外眺望，一個人看見泥土，一個人望見星星。」**

想一下，你看見了泥土或者星星？

結果如何，與一個人的思考有著絕對的關係，你說它壞，它便壞了，你說它好，它就轉好，心理學上叫它「月暈效應」，或者預言。

人的確都是自己的預言家。

預言樂觀的人全得樂觀，預言悲觀的人就是悲觀了，結果自己決定。

《老人與海》作者海明威的第一本書，轉了多手，還是找不著買家，後來經人提點，把原書名《失落的一代》改成《太陽依舊上升》，出版商人覺得書名不錯，很有正向鼓舞的精神。

出版之後造成轟動，得到不錯的評價，關鍵在哪裡？負向思考與正向思考的差別罷了，前一個書名悲觀了一點，後者看見了陽光，如此而已。

楊老師在學生眼中，易怒，古怪，愛整人，有人形容倒了八輩子楣的人，才會被他教到。

他問我該怎麼改善？

我舉了例：白板上有一個點，人家看見了白板，他看見黑點，這就是差別，我請他看見白板。

見樹？

或者見林？

一定大不同。

凡事都有正反，下雨天，感覺濕濕漉漉，有人覺得發愁，而我感覺霧濃好詩意，正好對飲一杯茶，聽聽高雅音樂，眺望遠方煙嵐，可就開心多了。

慢下來也是一種治療

風馳電掣的城市，速度驚人，以至於很多事情便變得匆匆，少了醍醐味，但我們無力更改，無法叫科技慢一點，只好自己緩慢下來。

盧梭曾說：「**生活最有意義的人，並不是活得最久的人，而是對生活最有感受的人。**」

生活的感受是一種醞釀，經由時間沈澱，緩慢堅持，況味方具；生活意義並非金錢的有無單方面能說的，就是明證，錢與生活意義矛盾的弔詭突兀的彰顯出來。財富的追尋是一種競速的活動，在快、狠、準的命題下游走，很少緩慢，人人如游魂似的，周遊在數字的列國，終至精神萎靡，財富成了醫藥費或喪葬費。

閱讀米蘭．昆德拉的《緩慢》，感觸特深：

「……在法國，很多城堡改建成旅館；一方綠色草地迷失在一大門沒有綠色的

醜陋之中；一段小徑、樹木和鳥置於密織如網的道路之間。我開著車，從後視鏡盯著那輛緊跟在後的車子。左轉燈閃著，整輛車湧出不耐煩的波浪。正等待機會超越我的車，如同一隻猛獸窺視一隻麻雀。」

「每五十分鐘就有一個人慘死在公路上。看看周圍瘋狂開車的瘋子……」

速度是工業革命以來給人最迷醉的方式！人人強調速成，最年輕的大學畢業生、最年輕的音樂獎得主，最小的童詩作者，借書最多的人，感官刺激的迷炫，除了興奮的快感之外，大概連喘息的機會都無。

於是昆德拉想問：

為什麼緩慢的樂趣消失了？

以前那些閒逛的人到哪兒去了？

我也想知道，那些遊盪慢行在琉璃廠的人又去了哪裡？

曾經在草原浪跡的人，難道在大自然中消失了嗎？

沒有，只是世界的變化，很多生活的真味都被扭曲成缺乏動力的無聊。

我們都曾咒罵這種無根的生活，卻又一而再、再而三的深陷其中。報紙上，一位推薦大眾閱讀《緩慢》一書的作家，卻自嘲連他自己是個緩不下來的人，把它擺放身旁，試試能否提醒自己不要急如飄風。

緩慢真難？

作家被要求三個月出版一本書，他便要求自己一天寫五千字，於是寫得比想的還要飛快，尚未沈澱的哲理便已成書，現代的作家看來更像「畫」家，鬼畫符一番便出版，於是：

- 戀愛像交易
- 賞雪像趕廟會
- 旅行如走馬看花
- 登山如攻城
- 划船像競渡

急如驚風的時代，我們都很享樂主義，膚淺而盲目。

俗不可耐的名嘴與節目背後操作的是製作人，如果他不讀書，後果就是以為所有人都與他一樣面目可憎，愛看大復活、春宮秀；如果新聞採訪的記者不讀書，新聞就只有殺人，被殺，撞車，被撞，連搶車位也是新聞了，沒有國際觀與世界觀；文化版的記者如果不讀書，可想而見，介紹的作者有多空洞，不是道聽塗說的，就是出版社強力推銷的。

這正是急速惹的禍。

無可救藥的物質主義，製造出來的貪婪是人類最可怕的危險關係，逼使我們與生活爭鬥，武斷的以為，沒錢就毫無所能，注定一生與一個虛假的夢邂逅。

終於明白，昆德拉寫的是每一個現代人，冷嘲熱諷的要人看清本質，明白人生還有許多事好做，急速不比緩慢快，工作不是工作，速度並非本質的保證。

快是迷障，慢才是王道！

時間被我要求緩緩靜止下來，找一家最近、浪漫、輕柔的茶藝館坐下來，讓巴哈的音樂穿耳而過，流蘇的雨拍打窗前，啜飲一杯金萱，花費一百二十元，便可以飲出一套生活提案。

緩慢被我演譯成流連忘返。

寂寞的陽明山才是一個人擁抱的山，不想假日造訪，便選了非假日，這樣才能緩慢而不壓迫的把美攬入懷中，讓急急忙忙的世界，平衡出慢條斯理。

一條毫不起眼的城市小徑，我慢條斯理的閒晃一下午，偶而蹲蹲，偶而坐坐，偶而睜眼細看，偶而驚叫連連，與蟲鳴鳥叫錯身，與微風低語。

一條路藏盡了現代人難以想像的秘密，「緩慢」使我得到偷窺之美。

有一段時間，我喜歡一個人，閒散於台北精品小店，恣意欣賞民藝、骨董、手染飾物，記憶在這些染上多情的花碎布上輕輕輾過，魯迅也喜歡這樣的享受，他常常在琉璃廠尋寶，目光如炬，不讓六朝畫像磚、宋瓷從眼前滑落。

人生真的不必非得上緊發條不可，溫柔的餘暇過後，工作效果反倒好了許多；於是我開始拾回一些被人淡忘的怡情，比如悠閒的凝視窗外那隻停停飛的蜻蜓；拿出望遠鏡追蹤綠繡眼飛掠；喝一杯清涼的水；凝望捷運列車的來去；仰望星斗監視牛朗織女偷情；或者一個人靜靜啜飲一杯無人干擾的花果茶。

伊比斯鳩說：「睿智的人不從事任何與鬥爭有關的事。」

緩慢，帶著優雅，慢慢有效的釋放「快」所累積的壓力。

與其節省時間，不如享受時間。

不工作時，你都在做什麼？

霸王寒流來襲的這一天，溫度直直落，書房的窗外拂來的風冷冽冰凍，大約只有八度，我手上握著一杯暖暖呼的黑糖薑茶，思考一事：不工作時要做什麼？

除了工作之外都可以吧。

很多壓力不是來自工作，而是不停的工作，我因而適時做一些轉換，比方說：讓演講不只是演講，否則會是苦差事，來回十一、二個小時，疲憊不堪，出國講座更是酷刑，馬來西亞一趟可要十天、半個月，東莞七天，大連的五日，蘇杭的台商所辦的心靈課程，邀約不斷，如果只是工作，很快就會消磨到鬥志全消了，積累的壓力永遠不會散去，於是我改用忙裡偷閒。

心態要改。我告訴自己不是工作，而是到遠方替人種夢，撒下曼麗的種籽，很多人翹首期盼的。

不要行路匆匆。一天來回，肯定累人的，太遠的地方我選擇過夜消壓，隔日再行，一大早醒來，還能擁有一個浪漫無慮的早晨，在山中隨意閒行，快意自在，心態上早屬度假，而非賺錢了。

演講是度假便有味多了，大連行原本三天，我要求五天、七天，這樣一來，我便可以在走的範圍擴大到長春、瀋陽等地走走閒晃，馬來西亞的主辦者替我安排了山中度假，閒晃跳蚤市場，我才應允這半個月的約會，這樣的偷閒法，不只好玩有趣，而且減解了不少旅途中的壓力。

即使在台灣，不算太遠的演講，來回五、六小時，我也不急著回到家，往往買一個便當，到一處無人的小溪旁，禪定下來，野風中用膳，蟲鳴鳥叫蟬聲嘶鳴伴著，意境絕美，這是我的自我救贖。

工作是一種必要，但一直工作就不必要了。

除了工作忙碌之外，還做過什麼？什麼都沒做，那麼遲早會是憂愁的人；教書的人如果只有教書，一定很苦，電子工程師如果只有電機一事的研發與生產，絕不舒坦，醫生只能行醫，大概會是庸醫了。

一天24小時，忙與閒必須並存，生活才有起承轉合，作了有休，休了再作，才是好生活。

白天有人付錢找你，理應工作，晚上沒人付費，理應觀星。

週一至週五，老闆給你薪水，該工作。

週六、週日，沒有付薪，該休息。

工作時的確該工作，重點在於不工作時，你做過了什麼？

- 睡覺
- 罵人
- 與人爭執

還是與我一樣，風花雪月一場。

工作之外，我喜歡——

- 海邊嬉遊
- 爬郊山
- 閒逛跳蚤市場
- 聽演唱會
- 諦聽松濤
- 讀本好書
- 觀星攬月

一天二十四小時，忙與閒必須並存，
生活才有起承轉合。

身旁的減壓處方

《文心雕龍．物色》篇上寫道：「歲有其物，物有其容；情以物遷，辭以情發。一葉且或迎意，蟲聲有足引心。況清風與明月同夜，白日與春林共朝哉！」如是生活大約便是怡情養性了，讓心情變得美化、溫柔、貼心、輕鬆、甘甜、平靜、淡雅，像一座心的桃花源。

聽音樂

我的CD收藏大約有一千片上下，它是我的音樂治療，心情沈鬱的夜，我關上燈，扭開真空管音箱，讓曼妙的樂音川流入耳，入心。

我的音樂治療並非獨創，早早存在，古希臘羅馬時期便將音樂融入戲劇之中，發揮心理治療效果。

中世紀之後，音樂和宗教儀式相結合，成為拯救靈魂，具有淨化人心的功能。近代，音樂治療的範圍更加擴大，用在心理治療上的效果頗為卓著。

事實上，每個人都曾經有過被音樂治療的經驗，坐上車，關上車門，扭開收音機，一面開在喧騰的馬路上一面靜靜地開車聽音樂，便開始了心理治療。

疲倦工作一天，閒適地坐在躺椅上，泡上一杯上好的茗品或純香的咖啡，再放上一張喜歡的光碟，便可以放鬆自己，平靜心靈。

研究發現，以下這些音樂都是很好的心情療癒劑：

改變忿恨者的心理狀態

- 貝多芬的「夜光奏鳴曲」
- 德布西「月光曲」
- 奈文的「玫瑰花」
- 布拉姆斯的「催眠曲」

焦慮的人可以聽

✦ 蕭邦的「協奏曲」　✦ 舒伯特的「歌曲集」

✦ 史特勞斯的「華爾滋」

妒忌的人可以考慮聆賞

✦ 柯普蘭的「牧童的特技」　✦ 德布西的「海」

✦ 巴哈的「清唱劇第二十一號」

疲倦的人可以聆聽

✦ 法雅的「西班牙花園之夜」　✦ 韓德爾的「水上音樂組曲」

✦ 巴哈的「咖啡清唱劇」

治療躁症患者

✦ 貝多芬的「第七號奏鳴曲」 ✦ 德布西的「兒童世界組曲」

✦ 德弗札克的「絃樂小夜曲」 ✦ 拉摩的「音樂會選曲」

✦ 莫札特的「鋼琴奏鳴曲」 ✦ 柴可夫斯基的「悲愴」

有氧舞蹈

舞蹈治療大約始於一九四〇年代，第二次世界大戰期間，美軍有一百七十五萬人無法適應軍隊，其中有七十五萬人因為嚴重精神困擾，而被勒令退役，戰後美國政府嘗試以心理分析個別輔導，效果不彰。

反而是團體治療、心理劇、美術、舞蹈治療這些新方式得到不錯成效，一九四二年，聖·伊莉莎白醫院聘請瑪莉安·雀絲舞蹈老師，用即興、創造性的舞蹈肢體動作，強調自由情緒表達，使得退伍軍人的戰爭創傷情緒可以紓解，透過肢體動作，更有效地探索內在意識和深層情感的流露。

舞蹈治療證實確實可以幫助憂鬱症的患者。

每天跳半個小時有氧舞蹈的人，可以減少百分之七十以上的憂鬱。

美國加州堪薩斯州州立大學的心理學家郝樂蜜與邁肯恩博士的實驗，就曾以四十七位患有輕度憂鬱的患者做臨床的測試，實驗共分成三組，一組每次跳一個小時，每週二次，第二組每週四次，每次跳十五至三十分鐘，最後一組不參加任何活動，十週之後結果出爐了，第一組的憂鬱程度明顯的降了許多。

憂鬱症的患者通常有正腎上腺素不足的現象，有氧舞蹈正好補其不足。

美國印第安人保留區中，流行一種「歌唱療法」，讓罹患精神疾病的患者，每天不斷的唱歌，巫醫則坐在患者的身旁與他一起和著，效果卓著。

巴西的嘉年華會在遠古時代具有驅除邪魔的功能，用歌唱與舞蹈把「心中的邪靈」趕出，也是一種廣義的心理治療。

心理學家德斯（Deus）曾經做了一個非常有趣的實驗，他花了一整年的時間觀察原始民族的跳舞狂歡會，發現又歌又跳的慶祝方式，在某種形式上，其實接近醫療。

就跳吧，沒有什麼特別的形式，可以出汗便是好事了。

飼養寵物

一大早醒來打開電腦，書寫我的臉書與新的作品時，我家的寵貓皮皮一定一躍而上，躺在電腦旁，用貓手輕壓住我的手，彷彿因而得了安全感，再沈沈睡著，已經儼然成了「老人與貓」的默契，我慢慢喜歡有牠的生活，沒有牠在書房我也寫不了稿似的，而今牠成了我的安全感。

關於毛小孩帶給人們的美好效果，研究應該已滿坑滿谷了。

它可以舒緩憂鬱症患者的情緒，撫慰心靈早經證實。

研究同時發現，當失智老人與小狗接觸時，小狗可提供多樣的感覺刺激及增加失智老人的社會行為。使失智老人的自我概念、生活滿意度、精神穩定、社交能力、個人整潔、社會心理功能、情緒等，都有一定程度的改變。

寵物可以帶給病患生活的動機、運動的刺激、打破冷漠、帶來歡笑，及做為和病患溝通的催化劑。

寵物治療確實有憑有據，飼養一缸魚兒悠遊自在徜徉其中的水族箱，可以因而獲得具體減壓效果，確實有憑有據，站在有水草的水族箱前，看看魚兒悠游的游跡，半個小時就可以使壓力全消，或者只餘百分之二十的壓力，結果證實水族箱是個有效的心理治療劑。

賓州大學附設醫院的精神科醫師就曾做過一個實驗，他把學生分成三組，一組花兩分鐘的時間大聲朗讀一本學術性的教科書，然後注視牆壁二十分鐘，一組注視沒植水草的水族箱，最後一組則凝視有水草的水族箱。結果發現注視有水草水族箱的那一組，心理明顯的「心曠神怡」。

其他寵物同樣具有功能，位在邁阿密的「世界海豚基金會」，就曾採用海豚治療自閉症孩子的經驗，結果這些孩子變得聽話多了。

同樣的實驗，用在罪犯的身上也極其有效。

只是現代人解壓而養了寵物，會不會因而帶給別人更大壓力，友人的頂樓也有一座小花園，他的鄰居把它當成狗廁所，三隻吉娃娃輪流上樓大小便，臭氣薰天，偶爾踩到狗屎，真是氣人，他語帶幽默告訴我，對方消氣，他生氣啦。

看來飼養寵物者，必須先上一堂「道德教育課」，才能舒壓兩相宜。

收藏小物

我的骨董裡藏了一些小玩藝，民藝品，鋼筆、手錶、印章、硯台等等，重點不在價格，而是價值，每當心情有些沈悶時，取出來把玩，馬上有靜心之功，甚至快樂。

收藏小物曾經意外讓我做了一件善事，當年我在民生報上班，一位好朋友來訪請求幫忙，希望我寫一篇文章幫他紓困，初聽不懂？原來故事的主角夫妻倆都是殘障，兒子在公園被動物咬傷敗血後截肢也成了殘障，如是一來，龐大的醫療費用便無著落，他希望我的文章起一些作用，募來一點錢。

除了社會大眾的捐款之外，我私下給付友人合捐的二十多萬給他，印章此時派上用場，我按月交給他五方，印石刻好印文付錢，就這樣大約幫他一年。

而今想想，當年何以有此心思就不得而知了。

但是助人這件事的確讓我心情大好，成了快樂之本。

一個知音，三個好友

你有好朋友嗎？

幾個才夠？

一個知音，三個好朋友是起碼的。

身旁的朋友一般可分成兩種，一種怨天尤人，一種樂天知命，在誰身邊會比較快樂？

情緒是一種很容易傳染的東西，但是身體並不是機器，不會自動分辨好與壞，接收與不接收，所以近朱則赤，近墨則黑是事實，一直接到負面情緒，心情也跟著變差了，然而接觸的是快樂的人，也會不自覺地笑了起來，這就是傳染的力量。

不與負情緒的人做朋友，彷彿做得很絕，但事實上我們確實沒有能力與他們為伍，因為我們改變不了他們的負能量，便很容易變成負能量的人。

從簡單做起

平均高度高達七千公尺的喜馬拉雅山，主峰珠穆朗瑪峰海拔高度八八四四・四三米，為世界第一高峰。高度超過七二〇〇米的山峰大約就有一百多座，許多山脈是佛教及印度教的聖地。

對於我這樣愛山的人來說，每每看到關於喜馬拉雅山脈的報導，都會熱血沸騰，心嚮往之，即使是爬到基地營住上一晚都很滿足，可是行前的沈重訓練，我自惴就受不了了，它太難了，簡單的方式是坐在電視機前純欣賞。

「簡單生活的麻煩在於，它是快樂的，豐富的，有創意的，卻一點也不簡單。」

——這是格麗斯的名言。

難與簡單，我們常被逼著選擇難的，以為簡單太簡單，其實一點都不簡單，一個月是由很多一天，很多一小時，甚至分秒所組成，這樣細分工作就簡單多了。

幾個月的工程一想就煩，不如讓它一日一日按著工序慢慢完成。

試著想想：

一次做三件事容易或者一件事？

一件事吧，它便是簡單的事。

攀登喜馬拉雅山於我而言是一步登天的困難事，甚至毫無可能，按部就班，一步一腳印的爬我家附近的郊山，應該比較簡單。

輕鬆一下，不難

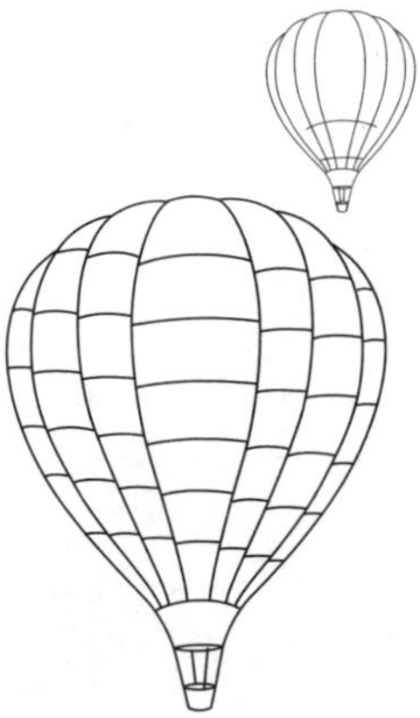

維吉尼亞聯邦大學的心理學教授但尼希（Dunysea）說，每個人都有必要回答這個問題，你最喜歡哪一種運動？網球、跑步或者體操？為什麼喜歡它？為什麼不參加？

不運動的人，心理不可能很健康。

沒空不是好理由！千萬別一用再用！

因為看電視，生氣，罵人，與人爭執的時間遠遠多過運動，浪費的時間超乎想像。

壓力沈重時，跑個五千公尺，汗流浹背，鐵定可以減輕壓力，汗水奔流，表示壓力也跟著消失無蹤。

「抗憂鬱劑」只能治標很難治本，運動療法更佳，每天半小時汗流浹背的運動，三個月之後，便出現了抗憂效果了。

運動員不是不會生病，但致癌的比率卻僅是常人的七分之一。原因何在？

因為運動員的血液能充分得到最重要的維生元素——氧，免疫系統發揮最大的功能，有效推動淋巴系統的活動，靠的正是有氧呼吸運動，可以快速清除體內毒素，達到常人的十五倍。

最有效的呼吸法是：每吸一個時間單位，便得憋氣四個時間單位，吐氣兩個時間單位。

例如：吸氣四秒，憋氣就得十六秒，吐氣八秒。

吐氣需要兩倍時間，讓淋巴系統能充分排除毒素。

憋氣花四倍時間，才能使血液充分地利用氧氣和推動淋巴系統。

每天三次，每次來十個深呼吸。

持之有恆，效果將遠勝過食物和維他命藥丸所能提供的一切。

參禪打坐很不錯

「森田治療法」是在一九二一年左右，由日本醫學專家森田正馬所創，他受的是正統的西方心理分析、精神醫學及治療，卻採用源自大乘佛學智慧與日本傳統，尤其是禪的思想文化影響格外深刻。

參禪的效果證實不錯。

根據參禪的日數可區分為「禪三」、「禪七」、「禪十四」，坐禪或者參禪是佛門弟子非常重要的一門功課，一般來說具有兩種功能，一是做為精神上訓練的方法，二是訓練一個人淨化自在，使心中的雜念不起，從中窺見內在的真實風貌。

紐約艾徹斯特學院班遜．華特斯教授（Benson Wallace）研究發現，禪坐可以使學生的精神力更加集中，學習效果增加，比較不會使用鎮靜劑之類的痲醉品，痲痺自己。

美國哈佛大學醫學院，提供各種精神方面的困擾者，除了用藥之外，還教人盤腿打坐，消除精神壓力和煩惱。

日本流行「一日尼姑」，讓那些心有雜念的人到一家寺廟盤腿打坐，齋戒清心，工作的壓力和煩惱也就煙消雲散了。

單盤或者雙盤皆有，墊個坐墊，上身保持挺直，雙手交叉虛放在肚臍處，沉心靜氣、排除雜念，一次只需要打坐二十到三十分鐘。

研究顯示，靜坐冥想能讓心跳減慢，驅除負面情緒，讓身體感覺平靜安詳。不論時間有多短，在壓力、憂傷、憤怒的情緒出現時，或是面對不愉快或恐懼的感覺時，養成靜坐冥想的習慣非常有好處。

靜坐冥想彷彿休息，得以重新恢復活力，迎接嶄新的思想。

好處包括提高自我覺醒的意識，淨化心靈，控制情緒，掌控怒氣，掌握心智，消除緊張，清除腦中的混亂與障礙，增強記憶力與腦部功能，並且讓身體器官功能恢復正常。

每天只要抽出「半小時」或「一小時」時間，心靜下來，緩緩的把心情整理一遍，那種感覺就如同置身在大峽谷上縱身躍下一般，飛翔在風聲瑟瑟之中，體會釋放的溫柔，過程像喝一杯咖啡，啜一口下午茶，可以用心細細品味。

健康是藥

工作不是唯一！

這是我的信仰，休養生息才有續命的體力，除了工作之外，我喜歡爬山、打球、溯溪、浮潛、旅行，用它們來運氣調息，工作得到財富，休息享受生活。

陽光普照之後必是夕陽西下，一夜之後，等待的是旭日東升。

心理專家提出美好生活的三個藍圖：

一**是減少工作量**。

二**是減少消費**。

三**是減少投資**。

我大約符合這些條件，工作時間極少，但效率很高，一下子便做完一天的份量，可以休閒度假去了。

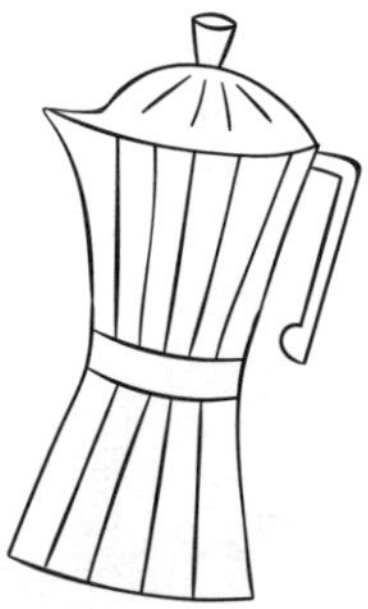

除了買書之外，很多消費早是不必要的，偶爾閒晃古玩店與跳蚤市場，買一些喜歡的玩藝兒而已，根本花不了太多的錢。

至於投資一事更是敬謝不敏，我完全不吻合投資大師羅傑斯所謂的投資人條件，要搜集投資的資料，並且閱讀完畢，還要弄懂，他說不做這些事的人，根本不是投資者，而是賭博了，如果我買股票，不做羅傑斯指點的功課，應該更像賭博吧，那就算了。

健康者比起不健康者的解壓效果高出九倍，這是有科學證據的，身體不佳的人，心情一定不佳，脾氣不太可能很好。

專家提醒我們保持健康要做的五件事：

- 簡單的生活
- 新鮮的空氣
- 充足的睡眠
- 適當的營養
- 固定的運動

這樣的人大約就會健康了。

口訣是：

天天要運動，好好睡個覺，慢慢吃頓飯。

健康是一，其餘是零，一之後加零，叫十，再加零是百、是千，健康一拿掉的時候，人生歸零。

我們常把人生最重要的健康去除，再死命追逐其它，即使擁有一切，少了健康，還有意義嗎？

運動是一個人最好的守護神，天天給自己三十分鐘，三十分鐘其實只是一天的四十八分之一，怪不得有醫學家提出呼籲：「你給我半小時，我給你四十八年健康。」

我們並非沒有時間，而是用錯了地方，浪費掉了，生氣、看電視、生病占去一大半，不是嗎？

優質運動未必難學，比方說，健走、慢跑、太極拳、有氧舞蹈、氣功……沒有一件是極難的，多數簡單易學，很有效果，教我氣功的師父是一位八十多歲老人家，拳風虎虎有威，我問他如何辦到的？他說簡單啊，勤練六十多年就好了，持之以恆是他的作法，我們與他的差別就在不夠堅持。

古代醫典記載兩種良方：

一是睡，二是水。

好好睡，喝好水，人好好，但是這兩件事情，現代人做得最差，尤其是睡眠一事，我們不止太過晚睡，品質也不佳，專家提醒我，休息的意義是復活，黑夜過後就是白天，精神抖擻的早上，理論上是前一日的夜裡補足的。

中醫提醒，十一點前該睡，西方的專業研究則指出，十一到三點，應該熟睡，它是復活體力的關鍵。

睡眠不佳，精神肯定不好，如何保有隔日再續的能力呢？

如果非靠咖啡、濃茶與提神飲料不足以有神韻，這樣的人如何有工作效能，效率不佳，就易被責怪，兩害加全，心情如何會好？

現代人的飲食習慣多半不佳，一定會影響健康，不可不注意。

改變飲食習慣很必要，關鍵有三：

一、**由快轉慢**

歐洲三餐的時間可以花用二個鐘頭，我們至多四十分鐘，而且狼吞虎嚥，快的壞處是胃腸全出了毛病，胃病難治，老醫生全怕它，為什麼？因為它關乎飲食習慣，藥治得了病，但卻治不了習慣。

二、**挑選食物**

營養學家提醒我們，水果的消化時間約莫四十分鐘，蔬菜一至二小時，但肉類則需時八至十二小時，多蔬果少肉類是一個正確的飲食方向，吃太多肉，又吃太快，很容易囤積形成宿便了。

宿便一天滋生的細菌高達兩兆，但是二兆之後的明天變四兆，後天八兆，再來十六，再來三十二兆，有一天，我們對這樣的細菌無力負荷，這就是生病的來源，理由這麼簡單。

三、**有機食品**

這些年來我寧可在食物上多花一些錢，也不想在醫藥費上浪費，有機食物的花費遠遠少過醫藥費。

斤斤計較五元，十元台幣蔬果錢的人，卻花千元萬元的醫療費，健康食品動輒萬元，說很便宜，莫非文明弄壞了人的腦袋嗎？

這些全是問題所在，明白它，有了對策，實踐它，就是良方。

我們並非沒有時間，而是用錯了地方，
浪費在生氣、看電視、生病、滑手機……。

名人的解壓處方

壓力這件事並沒有區分大人物與小人物，人人有之，身居高位者，得失心更大，反而壓力更多，你的壓力應該不可能超過比爾蓋茲，何不參考這些人的解壓處方：

比爾蓋茲：由繁化簡

・「思考每件事的本質。」

當壓力開始形成時，別忙著焦慮或計較，而是把注意力集中在眼前任務上。將繁複的工作內容逐一的簡單化，由不易完成的變成容易解決的，壓力自然掃除。

史蒂夫賈伯斯：冷靜思考

・「如果只是埋怨，大約只會更焦躁不安。冷靜下來慢慢思考便能讓事情明朗化。」

先花點時間讓心情放鬆，接著想辦法理出問題點，便能讓壓力明顯減輕，後續便是創意執行了！

理察布蘭森（維珍集團CEO）：不要迷失方向

- **「如果我明天就失去整個維珍帝國，那頂多就去峇里島隱居！對我而言最重要的並不是事業。」**

「莫忘初心」是他的想法，不要凡事只圍繞事業造成的壓力和自責，認清在生命中最有價值的是「家庭與健康」，那才是努力的理由與力量，不是為了財富。

傑夫貝佐斯（亞馬遜集團創辦人）：當下處理

- **「很多壓力來自猶豫不決，遲遲不行動的心理負荷，待辦事項我會在最短時間內開始解決或交付任務給員工。」**

發現問題後立刻制定策略，就不會老被壓力帶著走。

伊隆馬斯克（Tesla Motors 創辦人）：勇往直前

‧「不必自己創造那麼多煩惱，即使是讓你心生猶豫或卻步的事，只要值得都該去做。」

與其任由壓力阻礙進度，不如迅速找出方法並前進。只要鼓起勇氣，即使明天的發展是未知數，你也不會總是質疑自己的能力。

郭台銘：要專業

‧「沒有不景氣，只有不爭氣。」

做事要像諸葛孔明一樣，運籌帷幄都在其中，對你做的事愈能理解便愈能把握，知己知彼，壓力少七分。

蘇珊沃西基（YouTube CEO）：適時休息

‧「休息是重要，這麼做會讓思維更敏銳。」

職業倦怠如影隨形會發生在所有人身上，適時休息得以讓工作時間和私人休閒得到平衡，再度回崗位時便將覺得煥然一新！

研究發現，睡眠時血液中的一氧化氮會稍微增加，有助於加強記憶的固化，還可以提升睡眠品質，讓大腦得到充分的休息。

壓力不可能說走就走，你不理它，它便煩你，這些國際大型企業的知名人士處理壓力的方法，其實都不難辦到，只要不過度低估自己的能力，大步向前，陽光就在前方不遠處！

不要低估，也不要高估自己；
要努力，也要適時休息，才不會老被壓力牽著走。

Chapter 5

編寫新的生活節奏

留意身旁的快樂

與當醫生的友人坐在紫藤蘆的一角最靠紫藤花的那一張桌子，偶爾抬頭凝望正在盛開的紫花，彷彿魯迅，穿梭時空的醉在紫色花海，進門三十年代，出去便二十一世紀了。

當天我們聊了生活，他很傷愁的說著退休後發現人生成了減法，過一天少一天，而且一天一天過，從來沒有變過。

聽來頗辛酸卻也是事實，日子一天一天過，八十歲也只有三萬天。

天天倒數，如果還一成不快，看不到陽光，不知如何快樂？的確滿慘的。

你是怎麼過的？

工作之外是什麼？

千萬別答「滑手機」或者「一無所有」。

一早醒來，你做的第一件事是什麼？

伸懶腰？

吃早點？

喝五百毫升開水？

我猜應該是「看時間」。如果是的話，你就被制約了。時鐘操縱著我們一整天的節奏。

但時間是什麼？

哲學家聖．奧古斯丁說：「沒人問我，我知道；假如我必須要給提問的人一個解釋，坦白說，我不知道。」

這是一千六百年前的答案，二十一世紀了，我們依舊不明白，甚至更加難以捉摸，是啊，當蘇美爾、巴比倫、埃及、中國、瑪雅等等文明各自創造日曆之後，有了計算年、月、日的方法，我們便由時間的擁有者變成時間的被操控者了。

馬上擺脫它並不容易，但現在開始試試，一早醒來忘掉時間。

「做自己的心理醫生」、「做自己的心靈捕手」、「解壓處方」、「身心安的魔法」，是我為企業量身訂做的演講題目，主辦者要求我從失落、迷惘的角度，提出一帖因應處方，這種像是給嗎啡的建議，暫時性麻醉，並非良方。

與其出現問題再找處方，不如一開始就從快樂著手，讓人生快樂多一點，憂愁少一點。

快樂與不快樂是兩件事，其實也是一件事，它們同時存在，你看見快樂的事情多一點，快樂就多一點，反之，憂傷的事情多一點，煩惱便多很多。

快樂其實無所不在，只是被遺忘。

從我家走出社區大門，有兩條路通往不同的捷運站，往左進到街市比較繁喧，大約快三分鐘，往右比較荒涼，綠意盎然，多數人選擇低頭急行往左，幾乎都是趕時間的，臉上毫無表情，大約上車直接前往公司了，我習慣往右，慢慢走，低頭就是春花，抬頭乍見秋月，美極了，快意自在；轉個念他們其實也可以的，何必行路匆匆？

早一點出門，不必趕時間，在抬頭低頭之間盡是快樂。

啁啾鳴唱的鳥叫聲並不陌生，我聽見了，你呢？那是我的快樂之道，但非我獨享，你也可以擁有，我們之間最大的差異，只有覺知與否。

書房窗台的綠繡眼逢春就來，最多幾十隻，把景觀窗圍得密密麻麻，我停下筆，托著腮，斜著身子，靜靜欣賞牠們的枝頭華爾滋。

俗稱青啼仔的綠繡眼非常活潑，大多數棲息在橡樹等的常綠闊葉樹林，每當山茶花開的時期，為了吸食山茶花的蜜，結隊覓食，清脆的綠色由頭部、背部延伸至尾部，在喉部有較明亮的黃色，眼框周圍為白色，體長大約只有十公分，體型相當小巧，經常在樹梢跳躍，啄食昆蟲、果實與花蜜。

只要種上牠們喜歡的桑椹、檸檬、樟木，果實累累時，就會呼朋引伴到來，悠閒晨間，泡上一壺水果茶，準備小點心，靜靜等待牠們，吱吱喳喳準時報到。

摺耳貓比我開心，一大早醒來，喵喵喵用完食物，便縱身躍上書桌，等待綠繡眼，玩牠們的捉放曹，趴向窗戶，鳥兒驚飛，再飛回來，牠又再來一回，畫面饒富趣味。

我在文中取材這些尋常的場景，目的是想告訴你：**快樂有時這麼近，如是簡單，只是被我們忘了而已。**

托爾斯泰相信，**人生是一種自我預言！**

的確是的，你預言它苦，終日庸碌，便一定不開心，預言它是風花雪月，悠哉度日，人生便添得悠閒品味。

美國小說家約翰．巴斯（John Barth）說：「**每一個人都必須是自己生命中的英雄。**」

你是的。

詩人艾略特甚至鼓勵你我：「**做一個原來的你，永遠不嫌遲。**」

當時間還無法改變它的計時方式時，那麼我們改變，山不轉路轉，路不轉人轉，時間的負號可能永遠存在，我們現在要尋找的是時間的「正號」。

睡人、懶人和休閒人的不同

美國心理醫生雷魏斯（Lawerence）研究癌症病人發現，很多患者都是負向思考的悲觀者，很不開心，很早對生命失去意義與希望；只要有人能教他們重新開心的生活，存活的機率便大大提高。

雷魏斯相信，**絕望才是天敵**。

怎麼過？

完蛋了？

不得了？

沒有希望？

煩死人？

與其花那麼多時間哀愁，何不花用同樣的時間替自己活著，看場展覽，喝杯咖

啡，爬爬山，泡泡湯，聽音樂、逛書店、種花、賞雨。

你開心嗎？

- ✦參觀大師畫展　✦騰出一個完全屬於自己的下午
- ✦設計一趟開心的假期　✦布置一個令自己開心的家
- ✦把廚房更新一次　✦讓後陽台不再零亂
- ✦找回興趣　✦實現夢想
- ✦有話實說，但不傷人，也不傷己　✦不誇大能力，能做多少，就算多少
- ✦累了便喊停，體力零負荷　✦凡事往好處想
- ✦在窗櫺邊賞鳥　✦喝杯桂花茶，聆聽經柔的音樂……

以上這些事沒有一件是困難不能執行的，不必千里迢迢去羅浮宮，大英博物館，只要莫內、畢卡索的真跡來展覽，花二百五十元買下門票一張，便可以欣賞，

何樂不為？

二百五十元，花三小時時間，看一場得來不易的展覽，便可舒壓解愁，不可以再說沒空了，我們浪費的時間何止這個數字的千百倍。

或者撥出時間的一部分，就可以遊山玩水一番，為何不做？

《醉古堂劍掃》一書的素部曾云：「**田園有真樂，不瀟灑終為忙；誦讀有真趣，不玩味終叩夫；水有真賞，不領會終為漫遊；吟詠有真得，不解終為套語。**」

用玩的心情而非奪得計謀贏得人生，藉著林泉山水的優游生活，必是一種快樂。

工作不應該是人生的全部，不必智者，隨便一個人也都明白。放鬆是必要的，工作最多只是謀求餬口的銀兩，但用才是哲學，趨勢大師大前研一的《旅行與人生的奧義》在書中提及「玩」的重要性，停一下腳步才是工作延續的力量。

偷閒鄉居也是一種美好的安頓，老家在宜蘭員山溫泉的一棟前三層樓後有二層樓的透天大宅，著名的福山植物園在前方不遠處，那是童年的度假聖地，溯溪而上，由圳頭直入，上至九芎林，到福山分校，在雙連埤露一夜再往上溯，溪澈澄心安寧；

山裡有的不是寶藏，而是野趣，摘野果，追野兔，釣湖魚，常常樂趣天成。

一早醒來，甘露未乾，荷著鋤頭，戴上斗笠，腰間配刀，即使架勢早已生疏，但是趁著長年工作難得的休假，把竹荀園中荒蕪的雜草清一清，用腰間的配刀截下一支新荀，煮一頓美味的竹荀排骨湯；晚上聽聽狗吠、貓鳴、蟲唧，及那稀稀落落的車聲；星星像流瀑一般，滑落成河，冷寂中盡是天籟。

鄉居數日，乍看有如百般無聊的流浪漢，實是一場舒活療心；心理學家研究發現，放鬆是一帖良藥，可減少心臟血管疾病的罹患率，需氧量減少百分之五十，神清氣爽像神仙。

納蘭性德的《摸魚兒》的意境而今懂得；

「問人生、頭白京國，算來何事消得？
不如罨畫清溪上，蓑笠遍舟一隻。人不識。
且笑煮鱸魚，趁著蓴絲碧。
無端酸鼻，向岐路銷魂，征輪驛騎，斷雁西風急。
英雄輩，事業東西南北。臨風因甚成泣？

酬知有願頻揮手，零雨淒其此日。
休太息，須信道、諸公袞袞皆虛擲。
年來蹤跡，有多少雄心，幾番惡夢，淚點霜華織。」

在一個無人識得的地方，暫拋煩憂，無有臉書，無有line，不想谷歌，人生自然添了自在。

偷閒野徑，最好不要用征服之心，以往登山我就不喜歡在記事本上記下征服百岳中的幾座，而是喜歡汗如雨下的愜意，意在走走，我家附近有140高地，仙跡岩，海拔不過百公尺，就可以爬得滿身是汗，清光心靈垃圾溢，但離家這麼近的解壓場所，很難一次在野徑上巧遇十個人，多半是捨近求遠的慣性使然吧。

豎起耳朵，便可側耳聆聽天籟，風會從耳際飄了過來、雨聲不遠、樹上傳來啁啾的鳥鳴聲，聲聲入耳，野徑上有花香、草香、芬多精的香氣，溢滿入鼻，這是在工作中難以體會的況味。

離家很近的文山運動中心是我早上寫作之後的競技場，與一群兩個人加起來便逾一百歲的老頑童們砌磋球技，幾個老男人，追逐一顆白羽球，奮力奔著、躍著、跳著，笑聲四溢，別人上班、我們運動，常被問及：「不用上班嗎？」意指上班不能運動嗎？嘿！我們只是偷閒哩。

揮汗淋漓間，工作壓力一併清掃乾淨，有位球友，剛加入時是憂鬱纏身，定期回診取藥，現在則是快樂症患者，老要找人分享他的樂觀。

喝杯下午茶有何難的，至多一套茶具，一撮茶葉，熱開水一泡，加上一種心情，就會成織成一個美好午後，現代人太忙，在疲與累之間，彷彿失了智，簡單的一事一律說難。

工作不是復原的方法，**長時間不斷的工作，它不僅無法找回失去的體力，甚至會使人鬥志全失，筋骨酸痛，循環系統不良，很容易變成懶人。**

玩吧！

它是心理的自清運動，把填塞的污染，主動、積極的清除。

陸紹洐在《醉古堂劍掃》形容的生活值得想想：

白雲在天，明月在地；焚香煮茗，閱偈翻經。
溪響松聲，清聽自遠；竹冠蘭佩，物色俱閒。
松風澗響，自然之聲；高臥閒窗，綠陰清晝。
翠谷碧松，高僧對奕；蒼苔紅葉，童子煎茶。
花前無燭，松葉堪焚；石畔欲眠，琴囊可枕。
林泉之語，風飄萬點；蕭然無事，閒掃落花。
郊中野坐，固可班荊；徑裡閒談，最宜拂石。
幾點飛鴉，歸來綠樹；一行征雁，界破春天。
旭日始緩，蕙草可織；園桃紅點，流水碧色。
萬綠陰中，小亭避暑；雨過蟬聲，花氣人醉。
少學琴書，偶愛清靜；開卷有得，欣然忘食。
過分求福，適以速禍；安分速禍，將自得福。
聖賢為骨，英雄為膽；日月為目，霹靂為舌。
有僊骨者，月亦能飛；無真氣者，形終如槁。

與梅同瘦，與竹同清；與柳同眠，桃李同笑。
風波塵俗，不到意中；雲水淡情，常來想外。
曉起入山，新流沒岸；琴聲未盡，石磬依然。
手撫長松，仰視白雲；庭空鳥語，悠然自欣。
落花慵掃，留襯蒼苔；村釀新蒭，取燒紅葉。
心無機事，案有好書；濯足清流，菊為逸友。

停一下腳步才是工作延續的力量。

忙的緩衝站

心亡的忙碌生活，應該只得了一個亂字，無暇思考人生這件大事，頂多像轉盤一樣，不停運轉，轉個一月是一月，轉一年是一歲，一轉再轉便是人生了，如是的人生，後悔的多，滿意的少。

很多佇足歇息重新想起《莊子．逍遙遊》：「**今子有大樹，患其無用，何不樹之於無何有之鄉，廣莫之野，彷徨乎無為其側，逍遙乎寢臥其下，不夭斤斧，物無害者，無所可用，安所困苦哉！**」

這篇文章說的是「無用之用」的哲理，我們以為大用才是有用，於是終日的忙，不停的做，奢望成就與富有，忘了平凡也許才是「大用」。

這是我坐在天池旁，往森林的方向看見千年神木時的思考，這些巨大的樹，活了千年以上，之所以得以保留，是因為人們還沒想到它的有用，一旦被認知，確立它的尊貴，便將夭於刀斧了。

我認識兩位從醫學院畢業的朋友，一位不用分說考上醫生證照當了醫生，另一位卻改變人生節奏當起導遊，帳面上的待遇差了一截，但A醫生經常喊累，直說不值，希望人生重來，但B醫生，哦不，應該說是旅行達人，一邊工作一邊玩樂，不亦快哉，他說自己的人生贏在「決定權」，做自己想做的事。

充足休息

羅伯特．克裡格爾建議每天有規律地小憩十五至二十分鐘。

梅奥診所健康項目執行主管唐納德．漢斯瑞博士則囑咐：「試著關上辦公室的門，閉上眼睛休息十五分鐘，身體靠後，深呼吸。」

「該睡就睡」就是很好的心理醫生。

日本專家研究出色的成功者，發現兩套鮮為人知，且有意思結論：

一是有吃早餐，

二是早睡早起，

看來早起的鳥兒有蟲吃的思維是正確無誤的。

晚起的人為何不好？

我猜想出來幾個原因：

- 作息有問題
- 不懂得善用時間
- 該睡不睡
- 喝了太多含有喝咖啡因的飲品
- 夜貓子

對許多年輕人來說，愈夜愈美麗，下課、下班後的夜生活排滿滿，回到家還要上網聊天、看韓劇，直到凌晨一、二點，感覺睡覺是在浪費生命。

其實晚睡才是真正的消耗生命，中醫認為睡得好，身體就健康，許多身體的毛病都會自己修復，中醫說，早睡至少有五大好處：

1、提升自癒力

睡眠時，尤其深層睡眠，看似一動也不動的身體，其實最忙碌，營養的吸收與代謝正在進行，同時也能讓身體自己修復一些小問題。許多能夠一覺到天亮的人，身體及心理的狀況都比睡不好的人還健康。

2、幫助身體排毒

一天如一年的濃縮。有春夏秋冬四季，晚上十一時至凌晨一時相當於一年中的「冬季」，人體開始進入一個新的循環，有充足的睡眠才能夠保證身體各個臟腑的運行，才能幫助脾胃消化食物。這段時間，正值行膽經，是膽汁運作和骨髓造血的時間，養護好膽臟，膽汁分泌正常，是脾胃功能的基本保障。

一點至三點則開始走肝經，像春天，準備萌芽，這時候最好處在熟睡狀態，才能把一整天累積的毒素代謝掉，過了這段時間才睡，等於肝膽沒有休息與自癒的時間，只能將毒素累積在體內，長久下來就會造成許多慢性病。

3、提升注意力

熬夜之後，隔天精神一定很差，這是身體為了提振精神而透支體力的開始，若連續熬夜好幾天，早上起床就會開始精神不濟、昏昏欲睡的感覺，這樣頭腦昏沉的狀態，會影響專注力與注意力，每天睡飽七至八小時，能幫助你思緒清晰，還能提升記憶力。

4、保持好心情

睡不好就會發脾氣，是正常的，但是長期睡眠不足，就不好了，不僅容易發脾氣、脾氣也會愈來愈暴躁、煩躁，EQ變差，除非改變睡眠，否則不易擁有好心情。

5、舒緩壓力

失眠者多半來自壓力太大、容易操煩所以睡不好，深層的睡眠可以讓身體釋放壓力，舒緩生活，壓力大又失眠的人，會形成一種惡性循環，建議有輕微失眠的人，可以在睡前吃鈣片，鈣可以幫助入睡，也能紓緩身心。

早上就無精打采的人，說什麼我也不會相信他會有卓越的工作效率，事實上可能奇慘無比。

充足的休息之後，才能找回過生活的敏感度。

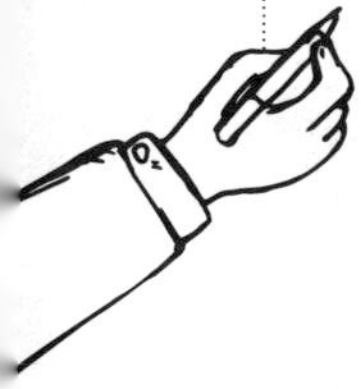

做對的決定

時間原本就是一種決定，決定做對的事，就不會做錯了；你把時間取來煩惱，就沒有時間用來享受了，時間用來織夢，當然就不會被憂愁絆著了；雲淡風輕，恬淡度日，並非現實中的我，忙著哩，忙於讀書，忙於偷閒，忙於找找樂趣。

日修禪師是這樣想的：「**這一分鐘美好，這一分鐘便不會不美好**」，因為是同一分鐘，大約就是這種意思吧。

離繁就閒的這些年，我享受有無之間的交替，有的時候奢侈一下，無的時候節省一點。

億萬富翁仍不得閒的想投資致富，這是我無法理解的，貪得無厭？或者成就感？即使再賺一桶金，頂多也是有錢人，但卻浪費了所有時間，值得嗎？

如果不貪，他完全有機會活得很好。

有位童年玩伴，薪水是我的兩倍多，房子四棟，一部BMW，一部賓士三〇〇，還嫌不夠風光，「忙」成了他的生活代名詞，早上出門，深夜二點返家，年復一年，最後以肝癌收場，他的名言是「再賺一點就好了。」

可是發現癌症不到一年，他就撒手人寰了。

不貪，他可以活久一點。

馬來西亞著名的景點之一雲頂，後山錯錯落落的是高級別墅，一間比一間大，那是富人行館，因而也添了一些別緻的餐館，朋友喜歡帶我上山，在花香草香之間用餐。

精雕細琢的別墅，美輪美奐，十足有錢人手筆，但偌大的房舍卻顯得冷冷清清，友人告知，很多房子平時是沒有人居住的，主人多半假期才上工，或者付錢雇請僕人看管。

我馬上浮現畫面，主人在山下揮汗淋漓的工作，賺足了錢再上山交給僕人，僕人夫妻可幸福了，只負責把豪宅打理乾淨就有華舍可住，到底誰聰明？

友人指著山中央最大的一間告訴我，主人是一位醫生，原先請一位僕人看管，後來僕人接來了丈夫，又迎來了孩子，他不懂：那間房子到底歸誰的？

嗯嗯，我得想想。

該把時間用來賺錢？

或者享受？

或許你也可想想，究竟想把時間拿來賺錢，

還是享受呢？

笑，幽默

研究發現，幽默有九大好處：

- 減輕壓力
- 戰勝恐懼
- 讓人放鬆
- 提升免疫系統
- 具備幸福
- 有助於交流
- 使人舒適
- 減輕疼痛
- 更加樂觀

美國作家享利．梭羅（Hemy Thoreau）在他的大作《湖濱散記》寫出質樸與輕鬆淡雅的生活，它是一帖心靈的藥。

放鬆的意思一部分是幽默看事，不要老用制式的想法解決問題，換個角度也許更好。

有些年我常常攀爬石碇各山「皇帝殿」，多數是一群人，偶爾一個人，那一次是星期二，天藍雲高，一瓶水，一個便當，輕車簡從便上山了，越過第一條棧道，有一處平台，我停了下來，在我之前已經有一位約莫六十歲的先生停在此處，喜孜孜要求我替他拍照，我拿捏角度替他拍了幾張，他倒回檢視，滿意極了，說我取的角度很獨特，很有意思。

他掏出名片，寫著某某董事長，這家公司我知道，有一點規模，董事長怎麼可以偷閒出來爬山？他給的答案是：他很「懂事」。

真是幽默，我們會心一笑。

的確懂事，如果事事項項都得董事長處理，他問我那要總經理幹嘛？

幽默有時是一種天性，但更多是一種技巧，來自學習。

比方說，學會發掘開心的事。

根據統計顯示，開心的事與不開心的事的比率是八比二，但是人卻老喜歡看見不開心，忽略了俯拾即是的開心事。

發掘它吧，就像閉關的人，試著從幽暗的小天地苦中作樂一般，找出每件事情背後的趣味，也可以幫助自己度過乏味難挨的生活。

心理學家瓊安·波里辛柯在他的著作《照顧身體，改變心智》一書中說，人該用積極的幻想取代消極的悲傷。

工作不順遂時，不妨採用「隔離式思考」，想想自己潛在悠游的海中，眼前是美麗的珊瑚，多彩多姿的熱帶魚，一張一合的貝殼，短短的幾秒鐘，也許就能掃除一天的憂愁。

吸收別人的幽默也會更幽默，閱讀幽默的書，看一些幽默的節目，把有意思的對白記下來；「當你不怕，別人便怕了你」，這話稱不上幽默，但很管用，是我從電視對白學習來的。

以小孩為師；生活壓力讓人逐漸失去童心，忘了很多童心都具備了幽默的特質，化解嚴謹現實的無趣，脫下嚴肅的面具，人更有味。

多觀察孩子，與他們打成一片，你會更有童心，會更幽默。

心理學家說，笑的好處真多，比方說：

- 增強免疫力
- 注意力更集中
- 增進心肺功能
- 去除疼痛
- 促進消化

笑使人開心，洋溢歡喜，讓人更幸福，有時會創造奇蹟，但現代人就是常常不笑。

「你有多久沒開懷暢笑了？」

記不得了。

「一天笑幾次？」

少於一次。

那太過酷了。

笑不出來？

法國作家狄德羅提醒人們：「在還能笑的時候，就盡情笑吧。」我喜歡這種想法，不笑會難過；因為笑多了歡愉，不笑多了苦悶。

有位腸胃不適應者，遍訪名醫都未得到好結果，有一天，他在書中看見笑有益健康，他便成天大笑，並且注意吃新鮮、乾淨的飲食，四個月後，醫院追蹤發現，發炎消失了，疼痛不見了，完全沒有病兆。

他驚呼，太神奇了。

《巨人傳》作者拉伯雷幽默告知：「笑是人類的專利。」

不笑？

除非你不是人？

愛，不需要理由

第一次賣書用講師費用貼補，賣一本虧一本，但卻開心如飴。

新的年剛過沒有多久，冬還沒有過，天氣乍涼還暖，我驅車到桃園大溪演講，對象是十六位弱勢家庭的父母，我被邀負責傳授教育的處方，社工員告知，聽眾是一群低收入戶者，一個孩子靠兩位善心人，按月一千元的補助給付零用金，即使用心鼓勵他們買書閱讀，但各個力有未逮，效果不彰，那個當下我便暗自做了決定。

上課的中場，休息時間，我取出樣書，稍做介紹，讓他們試讀，剛開始只有一兩人湊了過來，其中一位很有興趣的想買《深情》與《天倫》一書，但喃喃自語中我聽得出來怕太貴買不起，他起了頭，我便順著他的話告知學員：

「沒有關係，來看呀，如果有人真喜歡書，定價三百元的書，成本約二百元，我出一百元，你出一百，成交，好嗎？」

同一時間，幾乎所有學員都從椅子上站了起來，在書桌前圍成一個圈圈，原來他們不是不想買書，而是買不起。

當天連同童書繪本一共賣了三十七本，虧了三千七百元，講師費去了一大半，但卻開心滿懷。

這一天，帶回家的錢少，但賺了兩憶：記憶與回憶，還有滿懷的開心。

時代雜誌的封面人物陳樹菊老奶奶，是一名東部菜市場裡的小小菜販，卻被票選為世界百大風雲人物的一員，理由不是有了什麼不得了的豐功偉績，而是小小的助人善行，他說，**錢的意義不在多，而是在能用在需要的人的身上。**

天光初亮他便起床批貨，日落西山才回家，得到了一百萬卻無償捐出，這種大愛真是難得。

三十多年前，莊朱玉阿嬤的自助餐店就以「超低價」聞名，飯五元、菜色每樣五元，每天都有魚、有肉、有青菜，從不漲價，十塊錢就可以解決一餐；許多遊民都聞風而來，還有人在近中午時來吃飯，早午餐一起解決，走時還打包當晚餐，他們靠阿嬤的自助餐過活。有人沒錢付她也不介意，只在乎他們有沒有吃飽。

阿嬤堅持要賣自助餐，為什麼？她理所當然回答：「良心」。

一個銅板圓一個夢，施比受更有福，阿嬤濃濃的人情味中，堅持的是價值。

祁克果在《愛的力量》裡說：「**在人類一切情感中，唯一一種不需要任何理由的，就是愛。**」

不要只顧著賺錢，口袋是填不滿的，偶爾讓它漏出一個洞，溢出一點錢來幫助他人，人生或許會因此得了一些微小的快樂。

寬恕

英國作家伯郎寧說：「**能寬恕別人是件好事，能忘得一乾二淨更好。**」

寬恕的確不容易，但不寬恕受苦的還有自己，絕不快樂。

經商失敗的「盧」來找我，臉色沈鬱，一臉不快，數落老天爺的不公平，像他這麼努力用心的人，怎麼麼會遇上惡人坑殺，讓他一窮二白，無以為繼，問我如何是好？

「放下吧！」

「恨呀，放不下！」

「那就提起！」

提得起放得下，方是大自在，否則一再周旋於恨之中，肯定一無所成。

他後來選擇寬恕，重新再起，生意再度上了軌道。

寬恕與快樂息息相關，它是開啟快樂之門的鎖匙；老是帶著恨意、惱怒的情緒，就無法得到快樂之泉；沒有人可以幫我們做到，除非自己。

專家研究指出，放下掛罣有七大好處：

1. **降低血壓**

寬恕他人無情的傷害或者過錯，釋懷的心境就不會那麼生氣，血壓自然下降。

2. **減輕壓力**

寬宏大量，什麼都想得開的人，一定是無事一身輕。心裡沒包袱，生活、工作都會很快樂，幸福也會隨時來到你身邊。

3. **消除敵意**

敵意這件事是很傷人的，動輒出言不遜，重則拳腳相加，要不就盡往心裡放，老覺得別人總是跟自己過不去。學會寬容，減少敵意，快意自來。

4. **穩定心律**

一般人的心跳在每分鐘大約七十下左右。

生氣的時候，特別是面對面爭吵的時候，心律一定會加快，從而增大心臟的負擔。如果一個人總是不肯原諒他人的過錯，氣憤不止，心律就很難恢復到正常範圍內。為了不給心臟更大負擔，弄一個寬宏大量的胸懷，我看比什麼都強。

5. **遠離悒鬱**

想不開、心眼小的人最容易心情抑鬱。學會寬恕至少會減少很多抑鬱的機會。

6. 焦慮絕緣

適當的焦慮是有好處，但過度了就沒有什麼益處了。不能寬恕別人，等同與自己過意不去。耿耿於懷的人心情哪可能會好。

7. 心理健康

專家說，心臟病、糖尿病以及癌症等很多疾病都屬於「心病」，即與人的心態有一定關係。

心病從何而來？相當一部分是因為無法寬恕他人的過錯而產生的。學會寬恕，某種程度上是可以拆解很多疾病的溫床。心理學家說，最難寬恕的是自己；嗯！我連自己都寬恕了，沒有理由不寬恕別人，林則徐說：「**海納百川有容乃大，山高萬仞無欲則剛。**」

充滿熱情

《選擇生活》的作者安德維斯·懷特曼說：「**保護你的熱情，不管它有多麼脆**

弱。」

熱情兩字給我很大的啟示，忙碌且機械化的生活，除了滿足口腹之慾與毫無止盡的貪求外，有過美好生活嗎？

熱情被消磨之後，生活會是什麼樣子？

暢銷書《如魚得水》作者史蒂芬．藍丁（StephenC.Lundin）點出熱情的保留才是一門快樂哲學，因為熱情能：

1.化困境為能量

人生不可能所有的事情都在自己的掌控之中，遇到意想不到的干擾是可以預見的事情。人生有很多危機，但熱情是轉機。

2.熱情可以挖到寶

工作不僅是工作而已，我們往往太專注結果，忽略過程中能的樂趣，而且多半的結果是：達不到我們期望的目標。

如果你是公司的業務，想的是：「一定要拿到訂單。」還是：「真好，又可以認識一位有趣的人。」

前者會使工作變得很僵化樣板，但後者會很有趣。

3. 適度給自己一個回饋

別忘了，人生不是一個人，一件事而已，雖然別人無法代替你做事或解決問題，但是一句簡單的鼓勵，不僅可以給別人堅持下去的動力，同時也可以反饋給自己。

認真過生活

越南佛學先知釋日幸在他所寫的《步步平安》中說到：「我喜歡花時間在每一個碗碟上，充分感受碟子、水與我的手中流盪過的每一個動作。」

他的話蘊含禪意，想說明的是「認真過每一分鐘」。

一般人習慣活在未來，常說明天會更好，未來會如何，等我退休，但忘了現在，每一個當下，昨天想今天，今天想明天，除草想到閱讀，聽音樂想到工作未做完，永遠不是在忙當下，人生只成了一種應付。

等待是一件愚蠢的事，但多數人交給了它，一等再等，一旦年華老去，再想回頭便有些來不及了。

「不要為成功而努力，要為做一個有價值的人而努力。」愛因斯坦的這句格言

可以替認真生活劃下註解。

在台灣不難看見摩門教徒，騎著高大的腳踏車，穿梭街頭，找尋傳道的對象，經常吃上閉門羹，但仍樂在其中，我認識兩位從美國來的年輕的摩門教徒，尚未就讀大學，放下學業飄洋過海來傳道，他們自陳比起大學他們學得反而更多。

這些難得的生活體驗，他們認真經驗，相信以後一定用得上的。

認真生活不是錢，但也許可以變出很多錢，因為其中藏了經驗、知識與智慧。

盧梭說：「**活得有意義比身上很有錢重要得多。**」

認真生活大約接近這層意思。

再多一樣嗜好

退休之後無所事事的憂傷朋友有一天來電告訴我他想學木工，在我看來，這個人與其說是學木工，更像是拍去城市裡的灰塵，拜訪山林。

開車去圓木工夢，順道把森林的空氣帶回來，這個人神清氣爽多了。

木工學校叫懷德居，座落在林口嘉寶村山坳，像間「森林夢工場」，以傳承木工文化，推廣家具藝術，體驗創作美感，豐富生活技能作為宗旨，理論上學員都有一顆想學木工的心、一雙熱愛創作的手，但更多的心情是來找樂子的。

朋友問我好不好？

多一樣嗜好，用來逃脫枯躁乏味的工作枷鎖有何不好？

研究指出，興趣有如下的好處：

首先就是可令身心舒暢，而且減壓了，

再來是發掘個人的潛能，

第三是結交朋友，擴大社交圈子，

最後是視野。

來自四面八方不同背景的人聚在一起，本身就是有意思的事，總比在電視機前，聽一群無的放矢的妖嘴，品評人間事來得快意多了。

不必與眾人同，但得認真思索，**挑選屬於自己的消遣，把它當成一種投資，好好經營，它會是好的快樂配方。**

打造一處安樂窩

「遠親不如近鄰」這句話早早打折，忙碌的年代，集合的住宅，無法選擇的惡鄰居，常常也是壓力的來源，當你無力解決時，最好的方式是：打造一個可以解壓的家。

但家是什麼？

我的解釋是安樂窩。

莫羅阿則說它是「**廣大宇宙中的美麗城堡。**」

家是吸力，就會牢牢的把人吸引過來，黏了上去，即使在外遇上了狂風大雨，拍拍灰塵也便消散了。

推力的家則會讓人害怕受驚，讓壓力增大，這樣家則叫惡魔島。

回家一詞原來該是曼妙的，表示工作一天，上課數小時，想回到的那一處安全

的地帶，如果好好打造，家的溫度一定勝過職場，成為失心人的心理醫院了。

如果家是心理醫院，該具備什麼？

溫暖的房。

結廬在人境，但無車馬喧是意境，住在台北，居是大不易的，與其外求，不如內造，地段不重要，內部的巧思才是重點。

家最重要的結構之一是什麼？

睡吧。

我因而重新設計裝璜，讓夾板屋變成原木屋，我在床上的時間可以逾八小時，而今老邁，含午覺則需十小時，那麼床的品質很重要。

一張床動輒睡上五年十年，多一萬便可充滿質感，為何不要？我買床時完全不考慮價錢，要的是品質與口碑。

枕頭太重要了，它關乎是否一夜好眠，我初到馬來西亞巡迴講座時曾身受其害，睡不慣高枕頭，一夜難眠，途中買到了低枕才解決困難，行程中一直帶著，原來合適的枕頭關係這麼大。

好的棉被與差的有時只差幾千元，很多人掙扎好久，忘了多買一件衣服就是這個錢了，我連想都不想，便買下一只優質的蠶絲被，直到現在都滿意極了。

照明與憂鬱的研究早已連篇累牘，燈的重要性不言可喻，我樂得花一點點錢買一盞美麗浪漫讓睡眠更有質感的夜燈置於床頭，睡前扭開來閱讀一小段文章，再慢慢與周公邂逅。

如是一來，臥室算是張羅完成了，兒女也未被怠慢，比照辦理。

這幾十年我完全拒絕人工合成材料影響健康，實驗證實，長期的頭痛、過敏、鼻塞、喉嚨痛等症狀，多與裝潢時的化學塗料有關，不得不慎。

客廳也在改造的範圍之內，他是上班族回到家第一個映入眼廉的地帶，關乎心情，極為重要。

會不停釋放天然精油（芬多精），有益身心健康的天然木材仍是我的最愛，用這樣的木構造建置我的書櫃，CD盒子，再按上溫柔的帝凡尼燈，宜居的客廳便儼然完成了。

客廳與臥室之間我用藝術走廊貫穿，把收藏的畫一一掛上，點上昏黃的投影燈，夜深了，扭開開關，美便悄悄露了出來。

最後是浴室的改造，即使因為我的堅持會多出幾萬元的消費，我依舊堅定的完成，一旦退讓會後悔一二十年，浴室最後成了我要的樣貌，一處可以隱身泡澡的地方。

完工之後，家不止是家了，而是美好的驛站，一處曼妙的心情解壓站。

活好每一分鐘

法藝術家貝朗森（Bernard Berenson）說：人生是一條有去無回的單行道。它也許不僅是單行道，而且還是高速穿越的快速道路，彈指之間，便躍過精華地帶，進入沼澤與沙漠之中。

不要等待！

真的當下最美。

哲學家法蘭西斯．培根（Francis Bacon）是這樣說的：「**有智慧的人會創造機會，而非等待機會。**」

與其浪費時間去當一個精疲力竭的都市人，不妨重新思考自己想要的生活方式，從中找到慰藉。

這我想起鹽見直紀的「半農半X」生活，他建議我們用半的時間親手栽種稻米、蔬菜等作物的農業生活獲取自己生活所需的安全糧食；另一方面用自己最擅長的天賦特長去工作，換取固定收入，建立個人與社會的連結X。

「半農半X」的主要訴求是，脫離被金錢至上逼迫的生活，回歸人類本質的平衡生活方式。

腳踏實地的生活，提倡每個人都以「順從天意、永續型的簡樸生活（農家生活）為基礎」，將上天賦予的才能（X）」貢獻於社會，徹底地實踐、宣揚社會使命。

鹽見直紀不諱言要克服初期的無職頭銜是有難度的，他在人生最黃金的三十三歲辭去工作，返回家鄉京都綾部踐履「半農半X」，歷經日本社會面臨經濟不景氣、老年化、糧食自主權低落、氣候變遷挑戰與物慾橫流卻心靈空虛等大小問題，創造自己，相信自己，善加利用自己的天賦。

這非常接近夏目漱石思想的最高境界是「則天去私」，意即屏除人類私心，回歸到公平的天地之心，也就是順從自然的人生觀。

精疲力竭了嗎？重新思考自己想要的生活方式吧！

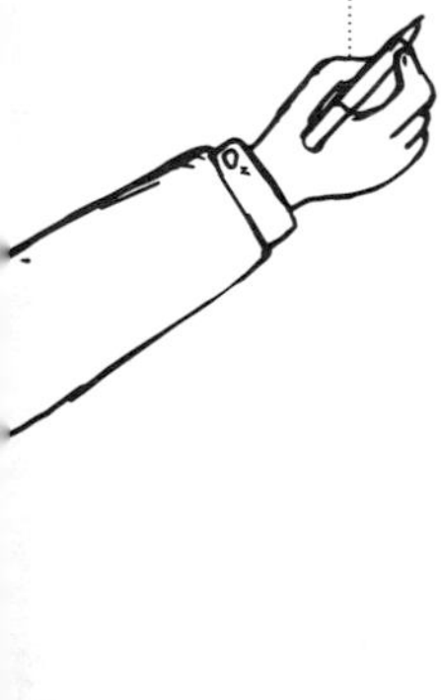

Chapter 6

減壓的優雅地圖

生活態度的再修煉

愛默生說：「習慣不是最好的僕人，而是最壞的主人。」

如果不想讓快速這樣的壞主人繼續下去，唯一的方式便是停止膜拜，否則只會使生活變得更快。

每一年都有很多大廠發表新的手機，單單某一種水果品牌就備量一．一億支，還有人躍躍欲試排隊購買，這些人不是去年才買的嗎？壞了嗎？還是被標榜酷炫快的功能所迷惑，年年都得把銀子掏了出來，如是的競逐後果十分清楚，只會讓人生陷入同歸於盡的僵局。

物慾橫流的生活，優雅一定不會到來的，人們必須花更多的時間賺錢，因為還有很多錢要花，一只貼上英文標籤號稱名牌的包包，一輛高貴所費不貲的雙B房車，一顆會閃出青光眼的鑽石，他們正一分一秒的腐蝕掉美好。

七九九限時吃到飽的龍蝦鮑魚大餐，真是用餐？或者來掏本？最後一口甜點吃下之後，多數人是摸著肚子走出來的，樣子不是滿足而是痛苦，這樣吃是聰明或者愚蠢？

這些事儼然成了習慣，我們沈浸其中，再不改很快就會後悔！

聽來頗有感的，快不是快，好未必好，人生只是來去，不該只是拚了命的工作，忘了停下來親吻大地與冥想風花雪月的溫柔，只是該休的時候，誰會休？

「休假病」這個匪夷所思的名詞正伺機闖了出來，與「時間病」聯結出一種新興疾病！

長時間的工作會使人心情不悅，身體不佳，出現因壓力所致的各種疾病，如失眠、偏頭疼、高血壓、哮喘、腸胃病等。

可是長期不工作好像也有同樣的症狀，歸根究底是不懂得如何支配假期，百分之六十的人會因休假帶來焦慮，五分之一的人因而生病，這真是奇怪現象，操勞一週或者更久之後的休息，本來是件好事，卻反而成了生病的溫床，看來減壓態度與方法的確有再修煉的必要了。

這些年我依舊被媒體說成「心靈大師」、「美好生活家」、「療癒專家」、「生活哲學家」……，稱謂言過其實，但我確實有些與眾不同的想法。

首先是我的生活態度，至少認真生活，把一天當一生來過，嚴格來說像「禪」，一心不二用，睡覺就睡覺，吃飯便吃飯，我只認真做「這一刻」的事，在廚房想的是如何做出一道道美味的餐點，把麵皮擀得Q彈，裹上樓上屋頂鮮摘的蔬菜，加上一隻鮮蝦與一片魚，便成為我的美好晚餐。

我不貪快的把茶葉放進茶壺之中，用燒開後慢慢冷至八十五度的水泡出，滴漏出一泡香溢流人的包種茶，緩緩入喉，任何一道工序皆不可少，便會好喝。

有錢人不是我，真實的稱號是「有閒人」，我在友人之中好玩是出了名的，森林妙境、濤天波浪、清澈溪流，常有我的浪遊足跡，屬於今朝有酒今朝醉的類型。

愛玩要有門道，我的朋友水姐是個老奶奶，但卻是個如假包換的荒野高手，當過高山嚮導，浮潛教練，考上丙級廚師證照，拿手的紅酒紅燒牛肉，享譽山水界，我雖無這般功夫，但至少能準備一個美食便當，依著一棵大樹，用膳之後，倒頭就睡，天大地大我最大。

晚上不談事行之有年了，九點之後的電話除了家人之外，一律不接，工作不做，拒絕友人來訪，這也是生活態度，**認真的對待自己，才有可能用心對待別人**。

說「不」這件事練習很久，終於有成，不是能力可及，一律搖頭，即使能力可及，但帶來不快樂，也會喊停，「不能沒有我」永遠是騙術，真實的情況是，即使缺我世界仍舊如常運轉。

「適可而止，量力而為，來日方長」，才是王道。

這世界上沒有什麼「非我不可」的工作，認真過當下的每一刻才是真理。

新生活運動

「不要為成功而努力，要為做一個有價值的人而努力。」

愛因斯坦的這句話用在現代忙碌的生活裡再貼切不過了，我們之所以會忙到不可開交，元凶離不開成就主義。

功成名就讓人昏了頭，蒙著眼大步向前，一股腦的往目的地前進，用得到的數字衡量成就之外，剩下的時間多數用三C產品滑光光，這是中世紀的人無法理解的煩惱，當時不過是時鐘的發明，便有很多人不滿的想發起新生活運動了。

一三〇四年，威爾士詩人格溫憤怒寫道：「岸邊的黑鐘敲下的深沈鈴聲讓我醒來，它的頭、它的舌、它的繩子、它的鐘盤模子以及它的重量，還有一愚蠢擺動的球，懸著錘子，像嘎嘎的鴨子，喧囂如白晝，讓人得不到片刻安寧。」

計時噪器不過是文明化的起程，便讓人意識到人性被奴役已然敲起喪鐘。美國

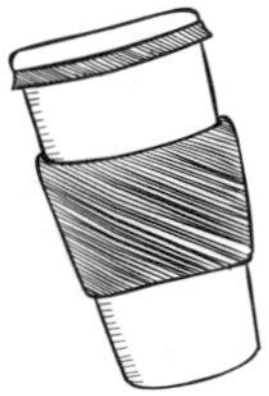

編輯兼評論家查爾斯・達德利・華納在一八八四年吐露不滿。他重複了普勞圖斯的話：「**將時間僵化地分割成時段，這是對人性自由的侵犯，也是輕蔑人的性情和感情差異的表現。**」

機器使生活變得更快捷，更狂熱，也更少人性。

「八小時工作，八小時睡眠，八小時自由安排。」

即使這樣的呼籲一直都在，但自在安排的八小時依舊被掠奪，很少人可以做得到像一八四五年的梭羅一樣，過著湖畔隱居的生活，那是一種反控，對現代生活「無限忙碌，除了工作還是工作、工作、工作」的單調乏味予以了強烈的抨擊。

都市人渴望的世外桃源休憩生活去哪裡？

人們從十四世紀起到二十一世紀，似乎仍束手無措並未找著好的方法，快節奏生活依舊不停的引發神經痛、牙痛、掉頭髮等疾病。

美國芝加哥大學的社會學家琳達・維特主持的研究顯示，喪偶對一個人的健康的確會產生長期且深遠的負面影響，心臟病、糖尿病等慢性疾病高出20％，如果沒有好的方法幫助，這種負面影響會一直存在，揮之不去。

每個人都感到「幾分鐘的拖延或許能毀滅終身的希望」。

真是這樣嗎？

也許我們一直用錯方法，以為有一個人可以幫忙我解決這個大難題，事實上真實的處方如同梭羅一樣，在自己手上，只要我們把自由的八小時找得回來，就可造就一個新的生活想望了。

什麼才是你人生中最有價值的事物？

心靈富足的加法人生

一個月需要多少錢才夠花？

如果你的答案是：十萬。不忙才怪。

哪裡可以減一點？

這是這些年來我改變生活的真正魔法，我的「加法人生」在三十八歲那一年正式結束，接下來啟動的是「減法人生」。

一個需要仰賴他人救助的朋友，我單單看他房子的租金二萬元，就知道誰也幫不上忙了，他告訴我東西很多，沒有這樣大的房子裝不下，可是錢從哪裡來？同樣的情況，一位住在大溪的低收入者告訴我，他們的租金是七千，也許城市不同，但可議的是心態，當地也有二三萬元租金的豪宅，照樣可以用同樣的理由說東西放不下，需要大房子，但這無疑讓自己的人生崩陷出一個巨大坑洞，再費力去補，我光

想就心寒。

如果沒有演講，我的退休勞保給付是14930元，省吃儉用兩夫妻生活並不難，因為我早早設想周全，買不起的不買，付不出的別購，大的不行就小的，要貸款的暫緩，這樣一來，我早沒有房貸，沒有車貸，每一分錢都是實實在在可用的「兌換券」了。

雲淡風清是我的人生信條，《佐賀的超級阿嬤》書上說，富翁變窮比較苦，她一直都很窮，所以窮並不會苦，這些話聽來有些酸味，卻很有趣味。

看來我也是，從來沒有很有錢，所以不知它好，也不覺得沒有它會很不好。

簡僕大師梭羅的平靜生活給了我不凡的啟發，他提供給我的人生的高度，告知我，一般人是收入主義，他則是消費主義，如果沒有什麼開銷，為何要這麼努力？不停息的工作，才能擁有一頓飯吃，與奴婢有何差異？

梭羅的開銷極少，書中有他的生活帳目，即使我無法仔細明白當時的四毛是多少？但揣度絕非大數目吧，以至他能寫寫稿子，上上課程就足以度日了，大部分的時間可以悠遊森林野徑與湖畔。

有人說，這樣的人生是朝生暮死，對世界的貢獻極少，可是光看我買他的書，受的影響，因而寫成二十多本美好生活的書，就明白他的貢獻遠勝過日進斗金的任何人。

難道瞎忙就不是朝生暮死？

身富心貧？

身貧心富？

哪一個才是聰明人？

真正的平靜是知道自己的要與不要，並且享受自己的生活，顏回應該很接近我的說法，溺水三千，取那一瓢飲。

生活其實只是一題數學，大約是加減乘除的換算，重要的是有無好好過日子了。

名利並非幸福的保證書吧，有了它往往失去平靜。

牧童出身的王冕，寧可做一位鄉野閒人，也不願接受朱元璋的徵召入朝為官，何者幸福？平日但吟幾句詩，彩畫幾筆，逢上節日，寬衣高帽，駕著牛車，載著老母，隨意漫遊，如是逍遙的生活，才令人稱羨吧。

我的《半半歌》

太多人的想要全部，我只要一半！

我喜歡蘇格拉底的說法：「知足是天然的財富，奢侈是人為的貧窮。」

拋棄人為的貧窮之後，我多出了時間，度假，讀書，寫稿，悠遊，過過人的生活。

明朝人李密庵的〈半半歌〉是這麼說的：

看破浮生半百，半生受用無邊；
半殘歲月儘悠閒，半裡乾坤開展。
半郭半鄉村舍，半山半水田園；
半耕半讀半寒廛，半士半民姻眷。
半雅半粗器具，半華半實庭軒；

衾裳半素半輕鮮，肴饌半豐半儉。
童僕半能半拙，妻兒半樸半賢；
心情半佛半神仙，姓字半藏半顯。
一半還之天地，一半讓將人間；
半思後代與桑田，半想閻王怎見。
飲酒半酣正好，花開半時偏妍；
帆張半肩免翻顛，馬放半韁穩便。
半少卻饒滋味，半多反厭糾纏；
自來苦樂半相參，會占便宜祇半。
只要一半的哲學主義，真的不錯，換回的是全數的美好。

工作賺錢，天經地義，我不是不要，而是不要那麼多，醫學家告訴我們，人的體力是有極限的，六小時是上限，超過二小時便透支三分之一，四小時是三分之二，一直工作等同賺到了天國入場券。

一半才是全部！

否則賺來的錢與紙何異？

不要分分秒秒工作，方可得閒，我才可以放下身邊的忙碌，偷閒加工一根有型的樹根，種下兩株蝴蝶蘭，兩棵山蘇，三個小娃娃，貓一隻，蛙一隻，貼上〈春〉字，成為新年應景的喜氣洋洋。

如果年前還忙著演講，我便不可能打理書房，清潔浴室，刷洗廚房，不是嗎？如果要了全部，當然更不可能抽出一段時間，閒散的走在樹蔭遮天的青田街，幽靜如詩，綠的，翠的，無限延展，宛若森林的日式建築群中，陽光偷窺般的篩了出來，在葉與葉之間透成美。

青田七六這棟日本足立仁教授於西元一九三一年興建而成，占地206坪的老房子，由台大地質教授馬廷英入居，目前是市定古蹟。

走在其間彷彿穿梭古今，回到百年前。

是的，忙於工作的確不可能在工作之餘留下一個空檔，讓時間彷彿靜止般，流盪著寂寥之美！

婉拒朋友來訪，為自己泡上一壺茶，飄散烏龍香，在晚霞中，左一泡右一飲的不亦快哉！

沒事是刻意的，誰都可以裝成有事，忙得不可開交，那就無法將珍藏的花草茶取了出來，讓薰衣草香在空氣中飄盪，心情沈澱，憂愁放空，無有煩惱，喝那一杯茶，多麼愜意自得。

急著上班，急著返家是辛苦的，我常常選擇用腳走上一小段路，低著頭凝視路旁的小花，發現春夏秋冬花不同，真有妙趣。

白天肯定是辛苦的，白天由黑夜接續，才會溫潤優雅，黑是迷人的，不合適操持工作。

如果不是只要一半，就不太可能停下來思考下一本書的計畫，不可能有空好好閱讀，不太可能如期交出好稿子，急於出版未經消化的作品，與其說是文章，不如看成一堆字。

如果不是還有一半時間，我也不太可能偶爾演出一個廚子，上樓摘下時蔬，炒一盤味道別具的混菜來吃食，夏天是瓜的季節，苦瓜、菜瓜、小黃瓜、南瓜都能生上幾顆，我讓它們自由攀附，一來可以遮陰避陽，二來結果可食，我像考古學家，在藤蔓之間順藤摸出瓜來，趣味勝過收成。

時間若被塞得滿滿的，我便不可能晨起看見日出，坐定下來，享受一段空靈的浪漫。

醫學家說：人的體力最多只持續六小時。

太陽下山之後

「拋棄時間的人，時間也拋棄他。」

這是莎士比亞格言非常震撼人的一句話。

太陽下山之後的暗黑時光，該怎麼過？

電視相伴？

或者是手機為伍？

「戒電視」應該是必要的運動了，一來浪費時間，二來沒有內容；七點到八時姑且算是新聞時段，但內容是撞人被撞，砍人被砍，偶爾加上火燒車與韓流來襲，就一小時了，八點是名嘴時間，五、六個人長時段占據某電視台的視頻，講一堆毫無養分的話，九點以後外星人出沒，神怪登場，一直到入夜。

如果關上電視，至少可以得到三個小時的紅利，在迷人的夜溫暖親情，牽手去散步，找一家館子打牙祭，再走上一段路回家，聊聊天，說說情，相信我，緣分是減法，孩子大了，緣就盡了，有一天，各分東西，繫著的叫做「掛念」。

十二歲之前的孩子是父母的，青春期的孩子是友伴的，成了人的孩子是戀人的，走進結婚就是別人的，傳神又無奈，緣分是否得以展延要看黑是如何使用，各看各的戲，注定勞燕分飛。

夜裡，非常合適培養內在的舒緩悠閒氣質，做一些白天騰不出時間來做的事，例如：沉思默想、園藝、瑜珈、繪畫、閱讀、散步、氣功等。

或者乾脆推開門，走了出去，我習慣坐在頂樓一把有了年紀的躺椅上，微風輕輕從臉上拂掠，闔上眼，毫無目的沈思，皎潔的明月，閃爍的星星，沒有黑，應該理不清歐陽修「落星沈月」的意境，蘇東坡「看洞天星月」的妙喻。

黑白分明是重要的決定。

永不止息的白天，入了黑請停下來，一天不是兩天，一輩子不是兩輩子，一個人不是超人，讓黑成了人生美妙的調色盤。

詞人龔大明的《山居好》四首的意境絕妙，把它改成黑夜好應該也是可行的：

山居好，山居好，門對青山水環繞；一塌煙霞夢寐清，我以不貪為至寶。
山居好，山居好，屬月鋤雲種瑤草；冷冷碧澗響寒泉，束束落花風自掃。
山居好，山居好，竹杖芒鞋恣幽討；坐分苔石樹陰涼，閒數落花聽啼鳥。
山居好，山居好，鶴唳猿啼餞昏曉；碧窗柏子炷爐香，趺坐蒲團誦黃老。

黑夜甚好，關上電視、收起手機，
你還有什麼該做的？

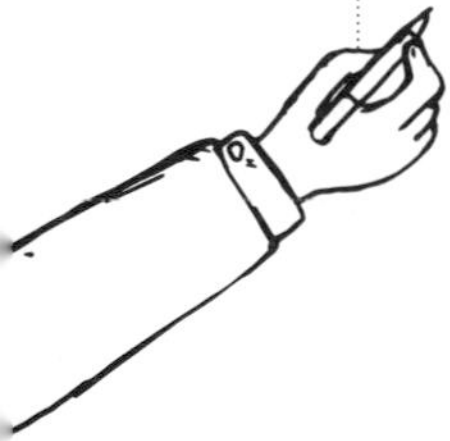

浪漫的單騎時光

單車成了我生活的一部分了，假日的早晨，天光初亮，我便把家中的小白牽出，騎上離家不遠的小山丘：貓空，隨著雙腳的運行，上下之間，約莫三四小時，一身是汗回家，開啟一天的工作。

坐在山丘的制高點，一棵枯樹旁，站定位，微風輕拂，俯瞰山巒，北二高奔馳的高速車子像車龍一樣奔馳，往忙的目的地，想想非假日偷閒的自己與之對比，不覺莞爾。

我們在檢討文明與科技，速度與時間的同時，習慣用負向思考批判，忘了決定者在人，很多事情存乎一心，科技文明的前沿，一定沒有設想過想剝奪人的時間，讓它悄悄流逝的是人們自己。

腳踏車亦復如是，初始發明不過想節省一點點時間，至於用來偷閒則是始料未及的事，腳踏車算是最被文明善用的產品了，我因而想起它的歷史。

腳踏車的原型來自一四九〇年的達文西手稿，法國人西夫拉克（Comte de Sivrac）在此基礎上，於一七九一年做出第一架代步的「木馬輪」，前後兩個木質的車輪，中間連著橫樑，上面安了一條板凳，沒有傳動鏈條，又無轉向，但仍被視為人類最早的腳踏車。

三十年後，德國卡爾德萊斯兩輪車，就有了控制方向的車把，可以改變前進的方向，但得用兩隻腳蹬地，才能推動車子向前滾動。

一八四〇年，蘇格蘭的鐵匠麥克米倫加以改良，在後輪的車軸上裝上曲柄，再用連杆把曲柄和前面的腳蹬連接起來，並且前後輪都用鐵製，前輪大，後輪小。這樣人的雙腳終於真正離開地面，由雙腳的交替踩動帶動輪子滾動車輛前行，這種車一天行走二十公里。

現代化的腳踏車應該是一八八六年英國的機械工程師約翰．斯塔利，從機械學、運動學的角度設計出了新樣式，以保持平衡，並用鋼管制成了菱形車架，使用橡膠車輪，被後人稱為「腳踏車之父」，他所設計的腳踏車車型與今天我騎的小白基本一致了。

小白更科技，還加裝電動，可以省力的踩踏，用一比一，一比二與一比三的速率前進，平地上關上電源踩踏，登小山則用一比三了；它使我這位腳踏車的門外漢，不太俐落的低手變身高手，讓十里行程改成萬里長征，擴大了我的偷閒視野，山野心足的遊盪起來，四處流浪。

秋蟬爭鳴的溫柔午後，我踏上它，在飄溢著草香的野徑上前行，寧靜布滿心靈，名利在此時此刻被偷偷放逐，頭銜則被拋在九霄雲外，不去想那些無趣無味的生活，此時只有悠遊自在。

忙之後要閒，隨意踏行的腳踏車成了好夥伴，它很認真的在兩輪交換之間載著我訪問山間、水濱、林內，或者只是公園的一個小角落，織一段小小的人生夢田。

「**世界是一本書，而不旅行的人們只讀了其中的一頁**」，這是奧古斯狄尼斯的格言，我喜歡這種想法，偷閒去找大書的第二頁，第三頁，從而遇見「內心的自己」，療癒與安頓！

跳蚤市集是旅程的地圖之一，從木柵出發，在福和橋上看河，轉身便是跳蚤市集，折返寶藏巖，遇見一位賣菜的婆婆，掃光她老人家的剩菜：三顆沉沉的鮮摘高麗菜，一把湯匙菜，三十元地瓜葉，二十元小白菜…頂重的，我沿著河，微風輕唱，一路搖晃回家。

其實還滿累的，但就是好玩！

於是懂了英國這句俗諺：「**蠢驢時出去旅行，回到家便是一匹駿馬！！**」

古厝之旅是我設計出來的行程，燒著磚紅古樸味道的老房子，在台北這樣的都會區恐怕只會愈來愈少，敲下一間少了一間，逢屋必拍，甚至設計成了我的單車地圖，找出位置，在腳力可以到達的範圍內，使命必達，深坑離我家不算太遠，有些老厝保留完好，便成了秘境首選。

是呀，現代人太重視時間了，卻忽視了時間，什麼都圖個「快」字卻變慢，自用車、捷運、高速鐵路、飛機，無一不是設想在交通中省下一些零頭小時，好轉化成利潤，奉行的是「時間是金錢」的謀財守則，如此精省時間，但卻一點時間也省不下來，弔詭的背後藏著「人真不會生活」的慘狀。

腳踏車閒行在筆直的河濱公園公家設計的道路上，我重新思索時間的意義，速度是節省還是浪費，如果老是欲速則不達，我寧可慢工出細活，緩慢裡品嘗生命的原味。

對我來說，腳踏車成了如假包換的「生命的復活劑」，慢慢將凝固的生活舒展開來，人生不是奔馳，而是要讓每一分鐘都成了邂逅，把人與環境的互動重新拉成一條動線，很多原先因快速而一閃即逝的東西，會因遲緩而暫停。

路旁的野花輪流奔放，美麗的酢醬草，紫花霍香薊，黃澄澄的油菜花，通泉草，烏子草，野草莓隨著季節輪流在眸光中流盪，彩繪我的生活。

散步閒行

醫生一再提醒我們，人的老化從雙腳開始，復原它便成了一種使命；我因而找尋資料，從網路上發現這篇文章，說明與散步閒行相似的健走功效有多好：

「以色列、美國的科學家們研究發現，溫和健步行走，有神奇的抗衰老功效，這些年這項運動已蔚為世界性的風潮，在先進國家之中正大力推廣中。

健走運動的特質：

健走要每週運動3次，每次30分鐘以上才有效。

步伐要跨大，跨步後腳跟先著地，再依讓腳底、腳趾著地，接著再以腳趾用力蹬離地面。膝蓋最好微彎。一定要抬頭挺胸。雙臂要主動運動。擺動雙臂使下臂呈約90度，有節奏地擺到胯後，向上則擺到與肩同高。速度要求舒適而敏捷。

健走是有氧運動，一開始是以糖分為主要消耗能源，大約20分鐘後才會燃燒到脂肪，所以健走減肥的秘訣是每天至少走1萬步以上，每次運動時間以30分鐘以上為優。

新英格蘭醫學期刊指出，一週健走3小時以上，可降低35～40％罹患心臟病的風險。

美國《自然》雜誌報導，60歲以上的銀髮族，一週運動3天，每次45分鐘以上的健走運動，能促進腦神經功能活化，邊健走邊配合呼吸，可以獲得全身血液與腦循環順暢的雙重效果，自然就能預防健忘、老年癡呆。

持續20分鐘以上的健走，有助分解燃燒體內中性脂肪，增加的量HDL。美國《護理健康研究》指出，每天健走1小時，對第二型糖尿病，有50％的預防效果。還能避免脂肪肝：研究人員發現，常走路的人血液循環較好，血可以流到聚集在肝臟的眾多微血管末端，肝的代謝功能就好。

改善腰、肩、頭部疼痛：健走能讓交感神經和副交感神經的切換更靈活，有助消除壓力，幫助睡眠。

慢慢走、走久些，就是理想的運動。」

文章提點之後，它成了我的全新經驗，一個人的運動，初時覺得無趣，一段時間之後才發現這種恬靜、舒緩、慢行的動作妙不可言，它是擺脫身心疏離狀況的秘帖。

「我也守護過城區裡的野獸，以及車莊廢棄的角隅，在乾旱的季節，為路旁的野樹、果樹、白葡萄和小黃花澆水。」這是約翰．繆爾（John Muir）在《夏日走過山間》（My First Summer in the Sierra）的散步故事——

純粹的山居歲月，
時間像似無垠無涯似的，
河岸邊、山丘上、大地中、蒼穹內，
新的生命和新的美麗恣意綻放，處處洋溢喜悅，
營地周圍林木扶疏，孕育了鮮彩奪目的綠草與繁花。

美好的意境在他看來是簡單的，只需一雙腳，便能看見涓涓細流，奔騰瀑布、青翠山巒；越過小徑，古老遺失於文明的祭壇在眼前現身，馬雅文明、義大利風情、清宮殘夢，完全逃不過「腳」的拜訪；爬高山走棧道，海浪的聲音便狂捲而來，轟隆一聲，團團白沫泡，在岸邊消散，海鷗浪行天空，伺機叼食魚兒，一旁的潟湖成土黃色，滿布水鳥；走進林園，亭台樓閣，瓊屋玉宇，怪石林立，隱身其中，饒富趣味。

腳，踩踏出大地與心靈的交會，享受著忙碌中的獨處快感，它使我重新找出垂手可拾，又轉眼即逝的自然野趣。

史學家崔佛里安（G.M. Trevelyan）會在〈步行〉一文中歌頌步行：「**我有兩個醫生——左腳與右腳，當身心失常時，我必須名喚它們前來。**」

荒野的美，因為腳而有了連結，從中體會不少樂趣，諸如觀看蝴蝶步道裡飛舞的蝶蹤，溪旁的蜻蜓點水，滑行的鳳頭蒼鷹，鳴叫的五色鳥，岬角的船隻，飛落的煙雲。

腳的踩踏確實不可能走得太遠，若要走得很遠可能得用一段很長的時間，車子成了它的夥伴，車把我載到山腳上，再用腳登上了小山，在小徑中優雅探訪陰暗處的蕨類，鳳蝶飛舞，櫻花盛開，楓紅處處，飾成眼前美麗的生命片段。

司空圖的〈偶書〉現在能懂：

獨步荒郊暮，沈思遠墅幽；

平生多少事，彈指一時休。

車子到不了的地方，我發現腳可以，美好靠「腳」執行，用「心」體會，走向戶外，邂逅自然春光，很難想像木柵一處芒草叢生的廢園裡，可以意外邂逅竹雉，山溝裡，還有久違了的山蟹，橫行無阻在泥沼裡翻動，如果環境不被破壞，牠可以一直活在那裡；夏涼之際螢火蟲全現了身、漫天飛舞……，這些是時速五公里的速度，才可以發掘的。

腳的旅行，起始只是一種理論，但愈走愈覺得它的神聖，走路真的可以窺見許多美好，至少梭羅的漫步生活中，便有許多值得稱頌的，我有時連腳踏車也懶得騎了，走路漫遊，把它想像成失落者的心靈護岸。

獨處，是一個人的狂歡

我慣常與友人去登山、浮潛、溯溪，但更喜歡一個人，無拘無束，無有目的的遊晃。

各有妙境，但一個人可以圖一個自在。

一個人可以選擇屬於自己的節奏，用完餐，恣意隨行的坐在野柳對岸的海蝕平台上，闔上眼諦聽濤起浪落，節奏有律，放空靈台，什麼也不想，讓心靈沈睡一下午，那是忙碌中最美麗的山水邂逅，我從中找回失去的靈魂。

音律有序的海，慢慢成了我的心靈大師，它教我把急速調成緩慢，把名利轉成雲淡風清，把生死看成一種來來去去；如同心理學家所言，每一位忙碌的人都該有一處心靈客棧，自我安頓一番，也許人人道場皆不同，但我偏愛海洋，潮起潮落帶走煩憂，波來浪去填平不安，濤聲低吼解除焦躁。

愛海，所以常來，因為一而再的邂逅，所以更愛，一個人的浮潛風險滿大的，但我還滿愛一個人下海，一根呼吸管，一顆心，靜靜的，徜徉在大海之中，與色彩斑斕的熱帶魚擦身而過，游累了，躺平在大海中，望著藍天。

海邊撿拾的漂流木，有檜木、樟木與肖楠等等，香氣溢流，在被海掏空處種上花草，便很有藝術感，如果不當作家，也許可以當藝術家，妙思俱足，已經可以在一個人的午後利用時間，將漂流木製作成小夜燈、桌燈與閱讀燈了，目前小有口碑，美不勝收，讀者留言訂作，嘿嘿嘿，只是玩樂，哪敢示人，但他們喜歡，我便偷閒製作，得了一些錢捐做善念基金，幫了一些弱勢者，一舉兩得，不亦快哉。

一個人其實最合適閱讀，尤其是作家，缺少充電一定會成了「坐家」，只能胡說八道，一甲子功力絕不可掉進山谷中遇上貴人得來的，非得天天浸在書中，養成了習慣不成。

一本書，不可能兩個人讀，那就一個人，寧靜的夜，帶霧的晨，我們相會，我的書中被讀者讚不絕口的引經據典，大半是這樣汲取而得的，閱讀彷彿開了一口井，引出汨汨不絕的泉，閱讀量大，寫作的靈感便多。

一個人還有讓時間停了下來，回憶過往，人生未必有下一次，但有很多第一次，但多數被遺忘了，比方說：

講的第一句話，

穿的第一件衣服，

第一雙鞋子，

第一條褲子，

第一次騎單車，

坐公車，

搭火車，

……

記得的微乎其微。

慶幸我早知道，那是一種刻意，替兒女保留了第一撮頭髮，寫下的第一行字，第一張畫，女兒投稿國語日報的第一篇文章…午後劇雨，無所事事，把這些收藏的第一全取了出來放在案上，細細玩味，倒也不賴，能解愛！

一個人不是孤單，是最適合放鬆思索人生的時刻。

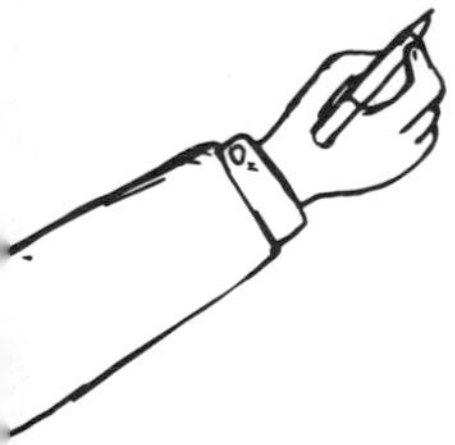

山中的哲學家

唐朝詩人劉禹錫的《陋室銘》寫道：

「山不在高，有仙則名。水不在深，有龍則靈。斯是陋室，惟吾德馨。苔痕上階綠，草色入簾青。談笑有鴻儒，往來無白丁。可以調素琴，閱金經。無絲竹之亂耳，無案牘之勞形……」

文章裡說的是一個「自在」。

登山這件事早在我身上，非專家們所說的關於身體鍛煉的功能，增強肌肉力度、關節的柔韌性和身體協調能力等等。

或者科學家點出的，新陳代謝加快，視力、心肺功能、體內多餘脂肪的消耗、延緩人體衰老這些直接的益處。

真正的想望就是自在而已，屬於精神層面的舒暢，甚或解壓。

我慣常在背包裡裝一些水，一點防止我低血糖的帶糖雜糧，便一步一腳印的足而上，綠樹蔭蔭遮住了陽光，引來了陰涼，芬多精的醒腦讓人通體舒活，鼻子變靈敏了，很容易覺察出花香草香與泥土的香氣了。

山中的小溪流緩緩流淌，偶爾爬出幾隻快到絕滅的山蟹，明媚的風光讓人不由自主的變得心情愉悅。

我喜歡慢爬，太快了反而失去了一旁擦身而過的溫存，山頂一定在前方，無論如何，往上就會到。

坐在標示著最高點的界碑上，往下一覽無遺，遠處峰峰相連，近一點的村落飄著炊煙，再近一點便是眼前的山谷了，闔上眼吸口氣，一種心曠心怡的感覺上了心頭。

岩石上有貝殼，表明它們不是爬山上來的，它曾經是海，滄海桑田在眼前有了明確的見證，這不單單是無限的樂趣而已，還藏了哲思。

一百年若是一代，這千百萬年的變，不知是幾代人的事了，如果千百萬年是一天，我們的人生便只有幾秒，腳踩凌絕頂，一覽眾山小，看的是意境吧。
登上山頂，想的不在是成就，而是美好人生與瀟灑的自己。

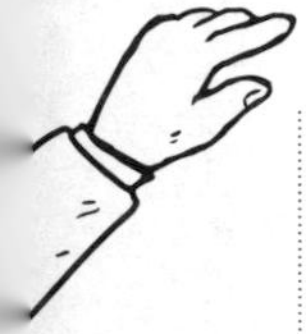

如果有事想不透，那麼，去爬山吧。

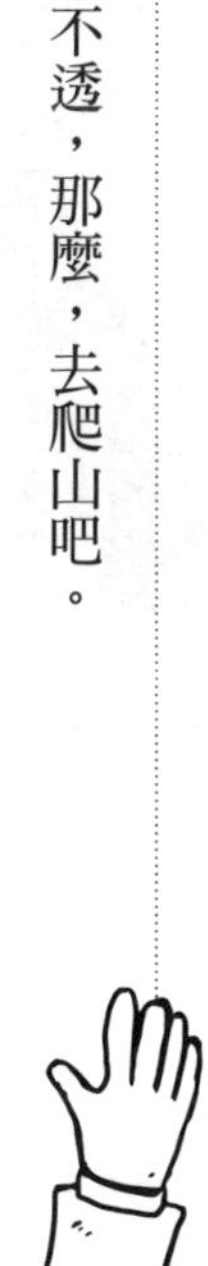

品茶，品禪

英國科學家的研究指出，每天喝四杯茶比喝八杯白開水更有益於身體健康。喝茶不僅可以補充水分，還可以預防心臟病和癌症。該項研究表明，喝茶除了補充體內水分，堅持每天喝茶還能夠使患心臟病的風險降低11％，茶中的咖啡因可以集中注意力。研究人員指出，關鍵在於茶含有大量的抗氧化劑「類黃酮」，從而能夠防止細胞損害。

茶是類黃酮的天然來源，僅僅三杯茶中所含的類黃酮就是一顆蘋果含量的八倍，但四杯就好，不宜多飲茶。

我不確定是否看了有關的報導，因而迷上了茶，但閒飲一杯茶確實是這些年來的習慣，甘露未乾，微光初現之際，靜靜的，小酌一杯……茶，緩緩的，不著痕跡的，入喉化開，留下餘韻，茶葉罐裡的茶全是珍藏，有自己買的，朋友送的，邀請演講的單位盛情贈予的好茶，一茶匙，放入壺中，靜置三四十秒，倒出，翠綠色的湯汁，輕輕流動，在杯中形成一湯小池，滴滴入喉，香氣合著茶韻，猶如天作之合，美極了。

一杯是品，二杯解渴，三杯則是驢了。最多四杯，我謹記於心。

陸游有詩提醒，飲者要少，一人得神，二人得趣，三人得味，七八人是施，聽起來獨飲滿好的，左手一杯，右手一杯的，交換飲著，況味十足。

烏龍苦澀，龍井淡雅，包種清香，普弭回甘，花草茶恬靜，各有風華。

為何要喝茶？

早年是消疲，現在是消愁，靜心用的，歐陽修說，可以一日不食，不可一日無茶，我未達此界但很接近了，茶不是茶，而是生活品味。

澄明的清晨，沒課那一天，我常反覆在火候、烹點、秤量、湯候、甌注、飲啜、盪滌、論客、茶所、洗茶之間流轉，成了晨光裡浪漫。

茶的慢條斯理，正好是心理治療的境界，耐心等待發酵的茶香，足以使心安了下來。

有人說茶是禪！

應該有道理，至少此刻再讀「寒夜客來茶當酒，竹爐湯沸火初紅，尋常一樣窗前月，才有梅花更不同」，便添得一分領略了。

慢條斯理的品一杯熱茶，
將壓在心頭的煩悶也一併呼出。

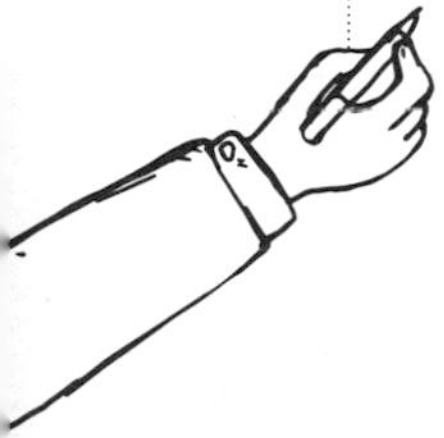

迷人的黑水

如果把咖啡當做提神聖品就不妥了，但若把它當成優雅的夥伴倒是有味。我不是咖啡高手，對拿鐵、卡布吉諾……無能用文字品頭論足，但它的濃烈香郁，還是令人垂涎，偶爾來上一客咖啡，晨光中瀰漫香氣，優雅啜飲，真有滋味，彷彿陶醉在沙龍文化之中。

咖啡與優閒一直畫有等號，威尼斯的佛羅里安咖啡館，很多人在此飲著「黑水」，包括著名的教育家盧梭，他在此譜出一段戀曲，叔本華停留在威尼斯期間，也常逗留在此，緋聞不斷的拜倫來此邂逅古綺歐莉女伯爵，浪漫詩人謬塞來在此享受春光，亨利·詹姆斯的《鴿子的翅膀》的創作靈感在此成形的。

蘇黎世的歐笛翁咖啡館從一九一一年開始，也迎接了不少文人，最值得一提的是愛因斯坦，大作家毛姆，則在旅行途中短暫來此逗留書寫。

柏林的羅曼咖啡館，散發出來更多的文化光環，有人稱它是天才的等候與藝術的交易所，很多德國著名的畫家、作家、藝術家，都與它有過一……杯……情，它是文人的第二個家，如同黃春明寫作時期的明星咖啡屋一樣，聚攏著人文的才情與文化的風采。

撰寫《人類末日》的作者卡爾・克勞斯（Karl Kraus）就在歐笛翁咖啡館寫作這本反戰小說，他在蘇黎世的生活步調接近他的家鄉維也納，他下午才起床，黃昏的時候走入咖啡館，與人討論，凌晨才返家。

蘇笛翁咖啡館佇足的名人，絕不止這些，只是我所識有限，很多藝術的、音樂的、雕塑、政商的名流，就不在我所認知的行列了。

羅馬的希臘人咖啡館，聽說無論天氣如何，總是高朋滿坐，它是很多居無定所的藝家收取發信的處所，也是他們日常生活的消息來源，亞當・拉法葉・蒙斯（Adam Raphael Mengs）、吉亞可莫・溫克曼（Giacomo Casanova）等人昂是這裡的常客。

歌德曾在這裡啜飲摩卡咖啡，孟德爾頌（Felis Mendelssohn）、叔本華

（Schopenhauer）、李斯特……都曾在此度過他們的餘暇時光。

拜倫、濟慈、雪萊、馬克吐溫、霍桑等人也曾在此，熱切討論過。

如果你是咖啡迷，又有些文人情懷，到了羅馬，應該逛逛這家咖啡小屋，享受一下文化氣韻。

維也納與咖啡館的意義，早就緊密的結合在一起，以至於有人錯誤的深信，歐洲的咖啡文化，實際上起源於維也納，事實並非如此，牛津、倫敦、馬賽漢堡等地，其實更早接觸阿拉伯的黑水。

在維也納的克拉美雪咖啡館，就曾被喻為有學識的咖啡館，當時的客人之中，多是作家、藝術家，以及大學教授，這裡還曾每週出版兩次《維也納宮庭報》、《法國期刊》、《政治期刊》等等。

台灣最著名的咖啡地標，應該就是老作家黃春明愛去的「明星咖啡屋」了。

如果不是腳步緩了，心寬了，咖啡的好處應該不太可能出現，它頂多成為提神的道具吧。

湯裡的寧靜

法國作家，一九二一年諾貝爾文學獎的得主阿納托爾．法朗士（Anatole France）寫過一首有趣的詩歌——《沐浴》：

浴缸在兩股清泉下灌，
廳中飄來陣陣水香，
孩子，巧手母親，還在為他準備，
笑著一件件褪去衣衫，
這是高貴的浴綿與酸澀的浴盤，
長齒的梳子，香草的毛巾，
磁魚、天鵝、與小船……
母親這樣邀請，說服加上催促，……

而他，在水的撫摸下感到舒適，
看頭髮的滴水，歡笑叫著……

洗澡，不該只是淨身之效，而是復活與再生，美妙而生動，它牽動著我的重新思考。

著名的物理學家愛因斯坦眼中，水的價值顯然不止如此，它好像可以使腦部再生，激盪著思緒，〈相對論〉在此成形；阿基米德（Archimede）在泡澡時靈光乍現，因而提出〈阿基米德定理〉。

洗澡顯然不止是物理學的，也可以很文學；二十世紀最偉大的作家中，不乏描述浴場的作品，例如川端康成的《雪國》、《伊豆的舞娘》；據聞亨利四世常去法國的南部小艾克斯萊班，路易十四去比利牛斯，作家蒙田（Montaigne）則到浮日區首府艾普隆比耶爾泡溫泉，泉質帶有放射性物質及多種微量元素，可以治療風濕病與腸道紊亂，十九世紀，在西方主要醫學的影響下，溫泉療治的風氣很盛，它也激發了許多文人墨客的靈感，蔚成一種流行。

法國作家費朗索瓦絲．德．博納維爾（Francoise de Bonneville），寫了一本令人張目結舌的大作《沐浴的歷史》，提及水的歷史，愉悅、豪華、享樂貫穿其中；史學家喬治・迪比（Georges Duby）在他的《私生活的歷史》一文中指出：「**對自己的身體感到羞恥的人，等同於對自己感到羞恥。**」

歐洲的浴池真的很有價值，讓人想入非非，怪不得連浴室也考究起來；希臘的浴室、羅馬的澡堂、中世紀的蒸氣浴、芬蘭的桑拿、土耳其浴，日本的澡堂迷醉、倫敦的豪奢、巴黎的浪漫……讓人重新理解水與人的關係，只是這層意義，離現代人實在遠矣。

水，被多數人取來用，忘了它也可以為身體創造一個舒適的儀式。

心理學家佛洛姆（Erich Fromm）說：「**人類生命的主要目標是，讓自己誕生。**」怪不得歐洲中古世紀的浴室文化如此豪奢，日本創造了獨特的溫泉文化，的確合情合理；考古學家發現，美索不達米亞文明時期的馬利，一口二千年前女君主的小浴缸，簡直美輪美奐，一千二百年前的希臘皮羅斯的浬斯托爾浴室被發掘出來時更是精彩絕倫。

沐浴是一天之中唯一可以好好獨處的時段，關起門來半小時、四十分鐘、一小時，都不為過，任何人都該心情放鬆的享受它的恩典。洗，一字，不再只是淨身的代名詞，它倒成了靈魂更新、悔悟、永生等等不可或缺的儀式。

法國作家羅曼．羅蘭說：「**生活是一首交響樂，每一刻，都是幾重唱的結合。**」我喜歡羅蘭的說法，做與休完美結合成一件事，工作之後，休來享受，而休是為了明天有力氣繼續工作著，於是沐浴一事不再只是單純的淨身而已，更像一種心靈的復活，我樂於花錢買一瓶香氣逼人精油用來解壓、消除疲勞與提振精神。

忙了一天之後在浴缸裡滴上幾滴能舒壓、安眠、讓人神采奕奕的，如柑橘、薰衣草、佛手柑、薄荷、迷迭香、羅勒……純正的精油都好，闔上雙眼，便可以恣意冥想了。

如果你有幾個錢，像藝術品的英式澡堂設計可以考慮，中心是水池，噴出純淨無暇的水流，磁磚是迷人的藍與優雅的綠構成，寬大、純淨，垂降粉紅的帷幔，攀藤植物在浴室裡自由爬行，編構出不凡的圖譜，人就躺在瑪瑙般的浴缸裡，在芬香的蒸氣雲霧中與薰衣草的雨露下，讓身體交給輕柔的水流……。

浴室給了我什麼？

- 身心合一的機會
- 禪的境界
- 美好的生活
- 多愛自己的生活觀
- 短暫的避風港
- 隱身的快意

還有……紓壓。

沐浴是一種心靈的復活。

創造新節奏

美國詩人佛洛斯詩說，森林有兩條路，我選人煙稀少的那一條。

眾聲喧嘩未必是好路，太快了，累著了；太慢了，走不到；快慢之間得自己拿捏，好好享受生活裡分分秒秒，節奏有律的行向終點。

不要只想有錢，記得還有閒，撥時間陪家人散步、下廚，晨光中孤燈下閱讀，夕陽下仰頭看天。

工作只是人生之一，不是一分之一，別因它引來很多煩惱，我的煩憂少掉一大半，便是受益於這樣的觀點，時間彷若靜止，停了下來，不再像個殘酷的、無法抗拒的指揮，密探似的被監視。

每一個人、每一種行為、每一時刻都有其合適的速度，生活應該也是。

鋼琴家烏姆．克萊梅特說：「**如果我們能為自己打造新的節奏，就會更加多姿**

多彩。」

號稱「光明使者」的愛迪生，做了一千六百次的實驗找著發亮的鎢，改變了歷史的舉措，而今想想，真不知是福是禍了？

它讓白天成了加長型，工作時間因而延展，只要扭開燈，無時無日的都算白天，人因而變身奴役。

我們一直工作，不斷工作，努力工作，直到完全吃不消，除非這是你要的人生，否則真要改變，而且必須馬上開始。

電燈發明之前，我們的確有一段很長的黑，但卻浪漫有味，大放光明之後卻完全走調，我們可能需要花上一點時間復原。

我這個年紀年前後十歲的人，大約都有停電的經驗，停電時頓時回復靜謐，靜寂的夜，孩子們開心極了，點上小小的蠟燭，一夥人吆喝便去探險，我家離第一公墓很近，山頭上布滿了日治時代的防空洞，那是我們的探險秘境。

鑽進了蛇與蝙蝠出沒雜處的荒棄洞穴，走了一小段路便有人頑皮的把蠟燭吹熄，一哄而散，尖叫聲伴著笑聲，久久不散；只要停電我們便玩這一類的遊戲，一玩再玩樂此不疲。

那是黑留給我們的回憶，在一個不太文明，照明不算完善的年代，美好竟是如此的自自然然。

關燈吧！

我的新生活運動其中的一堂課就是「關燈」。

回到家，一些雜事處理完畢，馬上關上多餘的燈，讓家保留一點點「夜」的味道。

是的，夜是暗的，不是明亮的，不必把水晶燈刺眼的光彩奪目一再示人，關上它會很溫柔。

從窗台透視出去，黑不是黑，而是風情萬種的夜色。

如果快樂、幸福、健康才是你我想要的，那麼放慢生活腳步就會是一種必須，搭乘過高鐵的人一定明白，動輒時速三四百公里車速的快速鐵路，窗前風景往往只是模糊的影像，只有停下來才能看清眼前的實體。

無論你幾歲，經驗的大約都是這些快動作了，一天24小時，不停的忙，直到苦不堪言。

現在開始，慢動作，這才是我們要的人生。

如果快樂、幸福、健康是你我想要的，
那麼，放慢生活腳步吧！你會發現，快樂自然而來。

游乾桂作品集 13

親愛的，你今天快樂嗎？

拋開焦慮、疲倦、憂鬱，當自己的心理醫師

作　者／游乾桂
主　編／汪婷婷
責任編輯／程郁庭
責任企劃／塗幸儀
封面設計／萬亞雰
內文設計／亞樂設計
董事長／趙政岷
總經理／
總編輯／周湘琦
出版者／時報文化出版企業股份有限公司
10803台北市和平西路三段二四〇號二樓
發行專線／（〇二）二三〇六—六八四二
讀者服務專線／〇八〇〇—二三一—七〇五
（〇二）二三〇四—七一〇三
讀者服務傳真／（〇二）二三〇四—六八五八
郵撥／一九三四四七二四時報文化出版公司
信箱／台北郵政七九～九九信箱
時報悅讀網／http://www.readingtimes.com.tw
生活線臉書／https://www.facebook.com/ctgraphics
電子郵件信箱／books@readingtimes.com.tw
法律顧問／理律法律事務所 陳長文律師、李念祖律師
印　刷／勁達印刷有限公司
初版一刷／二〇一七年四月十四日
定　價／新臺幣三二〇元
（缺頁或破損的書，請寄回更換）

國家圖書館出版品預行編目(CIP)資料

親愛的，你今天快樂嗎：拋開焦慮、疲倦、憂鬱，當自己的心理醫師 / 游乾桂作. -- 初版. -- 臺北市：時報文化, 2017.04

面；　公分. --（游乾桂作品集；13）

ISBN 978-957-13-6963-1(平裝)

1.生活指導 2.快樂

177.2　　106004111

《悅讀俱樂部會員大募集》

回函活動

想知道時報出版最新最快的新書資訊及活動嗎？現在只要您完整填寫讀者回函內容並寄回時報文化，我們將優先通知您參與我們所規劃的內容，為了答謝您對時報文化的支持，將送給您入會小禮物一份，數量有限，歡迎儘早寄回！

【讀者資料】

姓名：＿＿＿＿＿＿＿＿ □先生　□小姐

年齡：＿＿＿＿＿＿＿＿ 職業：

聯絡電話：（H）＿＿＿＿＿＿ （M）＿＿＿＿＿＿

地址：□□□ ＿＿＿＿＿＿＿＿＿＿＿＿

E-mail：＿＿＿＿＿＿＿＿＿（請務必完整填寫、字跡工整）

注意事項：
本問卷須以正本寄回，不得影印使用。
本公司保有活動辦法之權利。
若有其他疑問，請洽客服專線：02-23066600#8228(塗小姐)

＊您購買《親愛的，你今天快樂嗎？拋開焦慮、疲倦、憂鬱，當自己的心理醫師》本書的原因？

＿＿＿＿＿＿＿＿＿＿＿＿＿＿＿＿＿＿＿＿

＊請問您在何處購買本書籍？

□誠品書店　□金石堂書店　□博客來網路書店　□其他網路書店
□一般傳統書店　□量販店　□其他＿＿＿＿＿＿

＊您從何處知道本書籍？

□一般書店：＿＿＿＿＿＿　□網路書店：＿＿＿＿＿＿
□量販店：＿＿＿＿＿＿　□報紙：＿＿＿＿＿＿
□廣播：＿＿＿＿＿＿　□電視：＿＿＿＿＿＿
□網路媒體活動＿＿＿＿＿＿　□朋友推薦＿＿＿＿＿＿
□其他＿＿＿＿＿＿＿＿＿＿＿＿

＊您是否同意收到我們發送給您的訊息？　□同意　□不同意

※ 請對摺後直接投入郵筒，請不要使用釘書機。

時報出版

廣	告	回	信
台北郵局登記證			
台	北	廣	字

第 2 2 1 8 號

時報文化出版股份有限公司

108 台北市萬華區和平西路三段 240 號 2 樓

第三編輯部 收

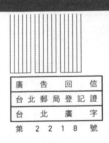

Dear, Are You Happy Today :)

Dear, Are You Happy Today :)